天空不设限

成长与成事必看财商作品

邓予恒　著

中国华侨出版社
·北京·

图书在版编目（CIP）数据

天空不设限 / 邓予恒著. -- 北京： 中国华侨出版
社，2025.1. -- ISBN 978-7-5113-9306-7

Ⅰ. I251

中国国家版本馆CIP数据核字第2024EH8001号

天空不设限

著　　者：	邓予恒	
责任编辑：	罗路晗	
封面设计：	孙陈强	
经　　销：	新华书店	
开　　本：	880毫米×1230毫米　　1/32开　　印张：6.5　　字数：110千字	
印　　刷：	武汉鑫佳捷印务有限公司	
版　　次：	2025年1月第1版	
印　　次：	2025年1月第1次印刷	
书　　号：	ISBN 978-7-5113-9306-7	
定　　价：	68.00元	

中国华侨出版社　　　北京市朝阳区西坝河东里77号楼底商5号　　　邮编：100028
发 行 部：（010）64443051　　传　真：（010）64439708

如发现印装质量问题，影响阅读，请与印刷厂联系调换。

自　序

当你准备捧起我的作品时，我想说，邓予恒会和你如约而至。现在的我 30 岁，但我已经走了很长的路。如果你还不够了解我，那么这本书，将是我们最好的对话。

熟悉我的人或许知道，我的财富在 22 岁时出现了飙升和质变，那是 8 年前的事了。在那个 IPO 开始成为热潮和互联网普及的时代中，我是一名天使投资人，同时是一名连续创业者。如果你本来就是我的粉丝，也许你会谈论我在一级市场的百倍收益，或者"为爱重仓雅诗兰黛"的可笑往事，但这些都不是重点。重点是，虽然我不是一个与生俱来的富二代，却是一个如假包换的富一代——我确实因为一些机遇而在年少时就收获了自由和财富，我也确实亲历了一个疯狂的时代——一个个飞扬跋扈的创业少年，凭借着天赋炫技，被资本迅速捧上神坛，然后又极速地坠落，我就浸泡在这样一个时代中。

如果人生有一张可以回放的卡带，当我回看我的路，过去的片段会是这样的——辍学的背影、创业的决定、孤注一掷的下注、辗转反侧的夜晚、梦寐以求的回报，还有离经叛道的选择，这些片段都像蒙太奇电影一样闪过我的脑海。基于时代的红利，我的确完整地经历了所谓年少成名和财务自由的过程，以及一切你能想象的成功时刻的狂喜和激动，当然也包括许多挥霍无度的时光。

如果你问我，这一切带给我的感觉都是怎样的，我可能会说，像中了一张巨额的彩票，或者像拿到了一副完美的牌。但无论怎么形容，都好像难以描述我的经历，以及创造财富的心得。毕竟，我并非完全依靠运气，而是依靠我的执着和眼光。这也是我写这本书的原因——希望用我的经历和感受告诉你，如何对待成长，如何创造财富。

其实，在我迅速成功以后，又经历过极速失败，随后又经历了成功，循环往复。对我来说，财富就像游乐园里的过山车，在市场的巨大波动中摇摆。所幸现在风险已经成为我生命的一部分，我已经可以平和地对待财富的起伏和人生的变故，可以"任凭风浪起，稳坐钓鱼船"。

毕竟只有平静下来的人，才能写好一本书。

我在直播时曾经说过，从小就想当一名作家，这是真的。但长大后才发现，万事皆不易，即便自己已经获得了财富。我时而兴致盎然，时而意气勃发，也曾写过一些文稿，也曾在朋友圈或者微博上长篇大论，但都不足以令我成为一名真正的作家，不得不说这是一个小小的遗憾。不过仔细想想，这也是一种美好。做一件自己真正喜欢的事，无须令其成为自己的毕生职业，更不用凭借它来养家糊口，这样毫无挂碍的写作反倒让我感觉更轻松了，我可以任性地挥洒对这个世界的态度。

这是我写的第一本书。实话说，我不是一个爱书之人，所以每当我的粉丝朋友问我有什么书可以推荐的时候，我其实都会陷入沉默。不是因为我深沉，而是因为我确实不怎么爱看书，甚至本身就没看过几本书。算上看过的，也只是一些娱乐好玩的书，或者有关天文宇宙、星系文明的科幻作品，我并不是一名合格的"好书推荐官"。

但写书不一样，志趣在于能与自己对话，通过一字一句，或是嘀嘀嗒嗒的键盘声和这个世界交流。人在社会中沉浮久了，能这样静下来和自己对话，和世界对话，实属一件幸福的事。我也很久没有这样与自己对话了，甚至没想过自己会花时间来写一本书。

如今的世界充斥着浮躁的、快节奏的内容，把文字放在了偏僻的角落，而我还是执着于这些文字。每当我打开计算机，筹备自己的新书，心心念念地写下自己的思考，就感觉像是走进了一个曲径通幽的长廊，内中爬满了藤蔓，挂满了风铃，让我可以暂时抽离这座巨大的城市。

这本书会写些什么呢？

不少人是通过短视频认识我的，我的商业观点也在短视频和直播中得到很多人的认可。可能大家都会以为，我要写一本关于投资和商业的书，事实上，我最初也是这么想的，也许那样能大卖吧。但当我开始回忆自己走过的路时，突然打开了思绪，我知道今天自己取得的一切，并不是一种简单的方法或因果，而是关联着我少年的叛逆、创业的思考，以及不断被揉碎又重组的三观。正是这些复杂的认知和经历，才令我最终拥有了巨大的财富与自由。

我打算把它们都写下来，让你了解到一个真实的邓予恒。同时希望你明白，成功和财富，都并非一个少年的初始愿望，也非我最初的目的。我只是希望能够通过我的故事与你建立一种交流，进而设法让你成为一个辩证、自信且温暖的人。

I·

目　录

第三辑　思考篇

结语

予恒说

下面那些邓予恒说过的话，哪句令你印象深刻?

你的颜值不是稀缺资源，我的能力才是。

（2023 年 4 月 5 日）

当你知道了什么是一级市场，就对其他赚钱方式不感兴趣了。

（2023 年 1 月 13 日）

什么样的快乐，都比不上事业带来的充实。

（2024 年 1 月 14 日）

当你开始自负，你就成了自己的英雄。

（2023 年 12 月 27 日）

抬头看世界，低头做自己。

（2023 年 12 月 26 日）

天空不设限，金钱永不眠，世界是你的游乐园。

（2023 年 6 月 8 日）

超级英雄从不失手。

（2023 年 11 月 26 日）

你觉得卷，是因为你菜。

（2023 年 11 月 13 日）

欢迎来到 web3。

（2023 年 11 月 9 日）

如果你真的自命不凡，就不该在意未来那些普通收入人群的眼光。

(2023 年 11 月 8 日)

北京有很多机会，但北京的机会不等于你的机会。

(2023 年 10 月 22 日)

你该明白，企业家是野兽，资本家是精灵，政治家是神明，野兽觅食，精灵指路，神明俯瞰一切。

(2023 年 10 月 19 日)

当生意玩到百亿美元，全世界都在为你量刑。

(2023 年 10 月 15 日)

要过 1% 的生活，注定 99% 的人都不会懂你。

(2023 年 10 月 19 日)

予恒问答

Q：恒哥，你支持大学生在校创业吗？

A：支持，但仅限于尝试，不要抱太大的希望。事实上，你没有社会经历和人生阅历，创业成功的概率是非常低的。我个人虽然在上大学时就开始创业，但我认为运气成分非常大。大学生呢，掌握一定的知识，但生意的本质还是人与人的交易，以及与社会规则的博弈，这一方面往往是大学生比较欠缺的。所以我认为，在大学时就创业更多的只是一种尝试，你也不必给自己过高的期望，如果成了，当然了不起，没成也是一个宝贵的经历，因为这可以使你的阅历快速积累，对人性的洞察力更为深刻。我认为在校大学生创业还是有必要的，小规模锻炼一下，也不要花太多钱，可以锻炼自己做事情的勇气，也可以增强自己的责任心和创造力。

Q：恒哥，你认为年轻人应该尽早买房吗?

A：买房呢，是刚需。这个和投资不完全相关。居住本身也是非常需要的，再加上在中国，婚姻还是特别看重房产的，也是一种归宿的象征。所以，我不反对年轻人买房。但是呢，这个需要量力而行，有没有必要尽早买，还是看自己的收入。坦率来讲，房地产也过了投资的好时代。我们说房住不炒，单从居住的角度来讲，人们的居住可以有很多种方式，可以租房，也可以买房。另外，房产本身属于重资产消费。花的钱很多，大部分人还会背上房贷，透支自己未来的收入。我觉得年轻人还是应该持有一定的现金，用来支持自己进一步深入地学习，以及成为打理人脉关系的后盾。有没有必要为了房子而让自己的生活质量大打折扣，甚至牺牲自己的发展储备金，我认为这可能需要打一个问号。如果你让我选择，我就会租比较好的房子，而不选择急于买房，这样可以腾出大量现金用于投资，或者经营。但每个人的人生目标不尽相同，你想安居乐业，稳稳当当，早点买房也挺好；如果你希望自己可以有所发展，我认为现金还是非常重要的。重资产呢，中看不中用，其实住什么样的房子意义也不是很大。我相信大部分人，也都具有基本的生存能力，重要的是，得提高你的赚钱能力，而不是拼命地去维持你的生存能力。这就是我的看法。

Q：恒哥，你如何看待人工智能?

A：人工智能当然是我们这个时代最被看好的一种技术。但是，未来还有一定的距离，目前我们谈论的人工智能更多的是基于"语言大模型"这种模式，确实让人非常激动。人工智能和以往的技术创新最大的区别就是，我们似乎感觉 AI 有了思考的能力，这是非常让人惊讶的。其实我们人类所有已知的文化、艺术、科学、技能都可以用数学来表示，它们都是一些字符串或者数字的集合。包括我们讲话本身，其实也是词与词之间的一种字符的连接和对应，所以当 AI 用数学的逻辑掌握了足够多的数据以后，它就可以像人一样思考。其实和我们的能力是一样的，就是组合甚至衍生数据或者字符串的能力。另外，我认为，它可以极大地增加预测的准确性，甚至代替人们做决定。比如，我们都知道，当下的天气预报还是不够准确。那你出门要不要带伞? 农民要不要播种?

球赛要不要举办？并不是说天气预报说是晴天，今天就一定不会下雨。所以，我们为了应对这种不够精准的预测，往往会付出一系列的成本来预防。在现实世界中，有太多事情还只是依赖于我们的感觉，所以我们的决策也都往往不够准确。但是，如果 AI 可以把预测的概率提升至 90% 以上，这就几乎等于可以帮我们做决策了。再如，现在购物网站都会给你推荐一些你喜欢的商品，但这只是基于大数据层面的。你也许会喜欢这些商品，但你喜欢的概率也许只有 50%。如果 AI 能够把这种预测精准度提升到 90%以上，那么 AI 甚至可以直接帮你购买这些商品寄到你的家里，也许这些商品都是你喜欢的和想要的。所以，有太多事情，AI 可以帮助我们做得更好。这绝对是划时代的科技革命，但是我们目前还只停留在对于 AI 的一些单点应用上，并未上升到工业或者社会化层面。所以我们还是会想 AI 到底有什么用，这只能说明，它还有太多潜力未被发掘。今天我们还会问电力有什么用吗？但是 200年前，当你还在用蒸汽机的时候，可能你就会问。又如，今天你还会去思考家里应不应该安装通电的插座吗？当然不会，因为电力已经融入你的生活。但你今天还是会思考 AI 到底有什么用，所以，一切只是刚刚开始。在未来，AI 一定会融入我们的生活。我对此非常看好，如果你正年轻，现在就是你研究 AI 的好时候。

第一辑　少年篇

我知道，你或许希望在一开篇就听我讲述那些关于财富和创业的故事，但我还是想从我的原生家庭讲起。毕竟，一个人即便拥有再多的能力和抱负，还是离不开原生家庭，以及成长经历带来的影响。可以说，我的出身不算优越，却恰好造就了我，所谓"天空不设限"，是从小就开始的。让我们开始这一段阅读旅程吧。记住，这本书不是想教你成为怎样的人，也不像名人传记那样字字如金，句句传奇，而是希望你可以从零开始，如我一般，直至成为一个情感自由、思想自由，抑或是财务自由的人。

同时，也以此书，献给我的爷爷——邓清源先生。他离开我两年了，我很想念他。正如他的名字"清源"一样，"问渠那得清如许，为有源头活水来"，取自朱熹所作的《观书有感》。朱熹把观书比喻成观水，意在告诉人们，只有源源不断地学习知识，才能达到更高的境界。这既是你看书的意义，也是我写书的意义。

家庭的变故

　　我从小生活在一个单亲家庭，本来我以为这对我会是一个糟糕的打击，会让我一蹶不振，甚至让我对生活失去斗志。但事实上，这样的变故却给了我意外且彻底的蜕变，真正造就了我独立的性格。

　　一个人的独立，往往不是天生的，而是环境造就的。相反，我从小就是一个非常依赖家庭生活的人，我的父母也曾经拥有稳定而深厚的情感。在我的印象中，他们曾经共同创业，形影不离。

　　如果你要问童年的我，什么事情最不可能发生，那我一定会说："即便这个世界有一百种可能性，也没有一种可能是——我的父母会分开。"但不幸的是，这种可能还是发生了。他们因为共同创业的分歧而分开了，似乎谁也不愿意向对方妥协，承认对方的价值。

家庭的分裂让我印象深刻，以致到现在我还能回想起来，他们的最后一次谈话，似乎也不太愉快。当时我特别不懂，为什么我的家庭如此稳固却依然会遭遇变故？为什么父母的情感如此坚定却仍旧会破裂？许多问题都萦绕在我心里，久久没有答案。这件事情的打击，伴随了我整个中学生涯。

然而，家庭的变故并没有使我一蹶不振，反倒给了我一些深刻的启示，也是一次深刻的成长——我第一次感知和思考人与人之间的关系。我从小就是一个具有钝感力的人，对人际关系并不是非常敏感，好像大家的关系都差不多，有的好一些，有的没那么好，和自己的好友从未有过分歧，更别说家庭的破裂。可以说，这样的变故给我泼了一盆冷水，但又燃起了一团生命之火。

家庭的变故使我明白了一个道理——这个世界不存在一成不变的人际关系，自我的价值才是维持关系的核心纽带，无论是在学校、家庭还是社会当中。形成这样的价值观，对我来说是一次深刻的蜕变。我开始明白，人们的情感纽带始终是基于价值之上的，而非一种简单的情意。一旦价值崩塌，人们就可能面临分离。价值就像货币一样，它们出奇的相同，人与人之间的需求，甚至也都对应着涨和跌。

人与人之间的价值，不一定就是物质，也包含了情绪价值、资源价值，甚至两性价值等。我的思维也因此打开了许多，有伦理的、非伦理的，似乎都能感知和接受了，因为很多事就发生在眼前。人与人之间的价值实际是动态的，而非静态的，人与人之间的关系因为这些价值的长期变化而变化。

比如，物质价值——我们时而贫穷，时而富有，所以他人也可能时而远离，时而接近我们。

再如，情绪价值——我们时而开心，时而难过，时而兴奋，时而沮丧，这也会影响他人与我们的关系和距离。有时候我们搞好和他人的关系，像手捧插花的花瓶；有时候我们搞坏和他人的关系，像摔碎的杯子；有时候我们结束和他人的关系，像挂掉的电话。

又或者，两性价值。这也是非常重要的，因为这本来就是人的原始欲望和价值。但也会有旺盛或者衰败的时候，我们会年轻气盛，也会年老色衰，荷尔蒙的分泌会随着年龄而改变，你的欲望也会由强烈到衰退。两性价值的变化，也会影响你和他人的关系。

所以，即使亲密关系始终不变，这个世界也是在改变的。我们和他人的关系像股票的K线图一样，围绕价值动态波动。还有太多因素会影响人际关系，如容颜的变化、健康程度的变化、社交网络的干预、职场的变故、收入的起伏等。

可以这样说，没有人可以无条件地依赖另一个人，在自身不进步或者不成长的条件下，其关系能够永远保持不变，没有人可以做到。所以，即使拥有再深的羁绊、再牢靠的感情基础，都要时刻保持自身的进步和成长，这是极其重要的。就像在商业谈判中，我们不可能仅仅依靠情感来做生意，产品的价值和双方的利益才是谈判的核心。只有拥有自身的价值，才能和社会以及身边的人保持同频交流。我们应该时刻提醒自己，无论多爱你的人，都要拥有独立的认知和独立的经济能力，用独立代替依赖，用价值助力感情，这样才能始终让自己处于安全的边界，长足地被爱。

无论是一个人，还是一个家庭，甚至一个国家，独立都是非常重要的。爱人之间保持独立，才能有尊严地相爱；商业之中保持独立，才能不惧市场的排挤；国家之间保持独立，才能拥有独立自主的发展空间。

家庭变故的经历，从某种意义上使我变得更加强大了。不仅让我明白了独立的重要性，也让我具备了更完备的家庭观和世界观。这对我的人生至关重要，我的内心变得更加强大，同时更加沉稳。这也直接影响了我日后的投资风格，以及处理人际关系的方式。我开始明白，无论什么样的人际关系，都需要体现自身的价值。即便面对父母，我们也需要在尽心和尽孝上体现我们成长的价值，无论是以物质还是精神的形式。我们成年以后，有能力为父母做什么，有能力为家庭贡献什么，这是非常重要的。

在创业当中，也会遇到各种各样的人际关系。有的是供应商，有的是同事，有的是上司，有的是下属，有的是我们的创业合伙人。

从人性的角度来说，无论多么亲密的合作伙伴，我们都应该时刻保持自己的价值，时刻保持自己的独立，尤其是在我们的事业当中，价值更是最坚韧的纽带。

我经历过无数公司的背叛，也经历过无数员工的离职。我深刻明白，只有公司的发展以及利益的合理分配得到保障时，人们在工作中的关系才会持久且稳定。当任何利益链开始波动或者崩塌时，那些创业的愿景和使命，都可能变得一文不值。

维系自己和公司的价值，才是在商业中与他人合作的基础。感情是脆弱的，只有产品做得好、服务做得好，公司才有更多的谈判权。在与人交易时，谈钱不伤感情，是最坦诚的商业态度。很多老板扭扭捏捏地和员工谈感情、跟合伙人谈信仰、跟供应商谈理解，都是没有正视价值的意义。

在这个世界上，没有人有义务一定要支持你，除了你自己。所以，我的公司里有一套体系，就是永远准备着所有人都会离开，只剩我自己，那我要如何应对？我毫不怀疑，合伙人没赚到钱会走，员工有更好的工作会走，投资者失去了耐心会走，供应商有更好的报价会走。其实这些都不是他们的错，而是我们应该思考，如何提升自己的价值。

"什么都可能会变，价值维系着一切，独立是最好的防线。"这成了我的人生信条。这并不是一种不近人情的观点，而恰恰是最"近人情"的，难道不是吗？

▞ 城市塑造信心

　　家庭的变故，曾让我一度无法面对。无论是家庭关系，还是经济状况，都发生了很大的改变。我不得不面对即将开始的单亲生活，对未来也充满了迷茫。更突如其来的是，我还没有太多的心理准备，就要匆匆地踏上行程，跟随母亲去另一座城市生活。

　　十几岁的我，终于去到了一座更大的城市，那座后来对我整个人生都带来了巨大意义的城市——成都。同时，我开始了全新的生活，甚至在这座城市书写了自己的故事。

　　也正是成都，改变了我一生的命运，包括对学业的选择，以及对创业的决定。成都这座包容的现代化大都市，也让我的才华在这里得到了充分发挥，使我的创新能力如鱼得水。这一切，都使我并没有因为生活的变故而失去信心，反而让我焕发了好奇和野心，也萌生出想要成就一番事业的志向。到成都以后，我第一次仰望那些高楼大厦，第一次想要寻找自己在城市中的位置，也因为成都，让我第一次拥有了国际化的视野，看到了不同文化和科技的交融。

在成都，我逐渐忘记了家庭的变故，并着眼于追求自己的事业和前途。各种新兴事物在大城市汇聚，各方杰出人才在这里发表观点，也是在大城市的耳濡目染之中，我逐渐开始追逐自己的梦想，并且相信一切皆有可能。

如今想来，也许正是家庭的变故成就了我。它敲碎了我的懦弱，唤醒了我的坚忍，让我在冷眼和嘲笑中成长，让我学会接受不同的目光，让我勇于承担起家庭的责任。更重要的是，因为这次变故，我去到了一座更大的城市，并极大地提升了自己的眼界和格局。我结识了有实力的企业家，看到了有远见的政治家，以及有人文情怀的学者，并从这些杰出的人身上学习知识，汲取力量，从一个男孩成长为一个真正的男人。

有时候我会想，如果时间倒退，我还会对家庭的变故耿耿于怀吗？也许并不会。我反而更愿意接受和尊重这个事实。因为这一切，也让我成了一个全新的我，让我从一个男孩成长为一个男人，并站在了更大的舞台和格局之上。

如果今天让我回头去看我走过的路，我会说，除了家庭以外，城市带给一个人的影响是最大的。不同的城市有不同的气质,比如,上海人会精明一些,北京人会务实一些,成都人会悠闲一些,深圳人会勤奋一些,这都是城市带给我们的气质。一座适合你的城市,真的会完完全全塑造你的人生。可以说,去成都是我 20 岁以前做过的最重要的选择。因为这个决定,完全改变了我的人生轨迹、朋友圈层,以及我的眼界和格局。虽然成都并不是一座超一线城市,但它无比适合我当时的状态,如果让我直接去北京或者上海,或许并不一定能让我找到机会。太好或者太差的城市,都不适合当时那个还在成长期的我。恰好成都成了最适配我的土壤,既给了我包容的环境,又给了我宽阔的视野,同时,还不会让我在这座大都市里感到自卑。这座努力向上发展的城市,也像极了当时的我。

一个人的自信是非常重要的。当你选择一座城市的时候,不能单单只考虑这座城市的地位,还要思考这座城市到底适不适合你,能不能给你生存和发展的自信。北京和上海当然很好,但也是人才济济的地方,能力能不能在那里得以发挥,这并不由我们自己决定,因为优秀的人实在太多,很多人被埋没并不是因为没有能力,而是因为太拥挤。当你发现自己天赋异禀的时候,才忽然明白,在优秀的人群里,天赋只是入场券。所以选择一座适合你的城市是非常重要的,选择城市的重要性,甚至大过选择大学的重要性。我经常劝大家，比起选择高校，我建议你优先选择城市。城市的机会，对你的择业和创业非常重要，同样也决定着你的婚姻和家庭。不同地域的人有不同的性格，不同地域的人也有不同的观念，这都决定着我们生活和工作的方方面面。

一定要选择一座可以塑造你而且你也热爱的城市，简言之，就是为你的热爱找到最好的舞台。比如，你选择做金融，上海和香港就是非常好的选择，因为那里有最全球化的视野；如果你选择做硬件或者科技，你就一定不能错过深圳，因为那里有最务实的人才和最优秀的科技公司；如果你选择从事文化或者艺术，那么北京一定可以让你大显身手。一座城市所积累下来的资源，不是某个人或者几代人可以比拟的。选择一座城市，就是选择一种生活，也是选择一份事业，更是选择一段人生。

▪ 少年，告别叛逆

中学时代的我是无比叛逆的，这和当时我所在的城市环境也有一定关系，四周充斥着贫穷、叛逆，甚至暴力，让我不得不为在学校谋取"一席之地"，而成了一个不折不扣的"问题少年"。我多次因违规违纪，顶撞老师，甚至打架斗殴，遭到学校点名和劝退，我所在的城市也因为时常发生暴力事件而"出名"。年少的我经常混迹网吧、台球厅、酒吧等娱乐场所，和一些"问题少年"称兄道弟，荒废了自己的学业。但事实上，正是这段经历，极大地塑造了我的思维方式和性格。

不同于其他"问题少年"，我自身的悟性很高，通过一些身边人的反面教训和被现实"毒打"的事例，我很快就明白这样下去不行，这些"问题少年"大多是因为没有好的家庭环境和对学习的认知，只能在不良的环境中徘徊和挣扎，为了蝇头小利而滋生暴力，甚至触犯法律，总的来说还是一种低级的"商业模式"。

　　同时，我也看到制定"规则"和掌握"话语权"的人是那些拥有知识和学历的人，开始懂得知识的重要性，明白暴力是贫穷的根源，贫穷也会滋生更多的暴力。这使我开始转变学习态度，发奋读书，相信唯有知识可以改变命运，相信获得学位才可以更上一个台阶。坦率地说，如果没有这些糟糕的经历，我无法明白学习的重要性，也不懂法律的价值。即便在今天，在我的从商生涯中，也依旧严格遵守法律，从不因为利益而触碰规则底线，这也让我比同龄的年轻创业者显得更加稳重和"老练"，这与我在年少时那些复杂的经历是分不开的。"叛逆"成了我最好的老师。在那个时候，我既是亲历者，也是反思者，这不仅没有使我掉入深渊，反而让我具备了更加成熟的心智和更加立体的思维，让我看到了社会的明与暗、黑与白，并从中吸取教训，发奋读书，强大自我，走向成熟。

■ 少年，直面问题

"问题少年"的经历，也激发了我性格和能力的形成。比如，如何取得伙伴的信任，如何形成自己的"圈子"，如何提升自己的影响力，如何对待经济利益的分配和人情世故的处置等。

由于学校的环境较为封闭，同龄人都只能在校园里埋头学习，而我得以在这段叛逆的时光里，学到一些日后生存的技能。虽然这些能力在今天看来，有的可笑，有的稚嫩，有的粗俗，有的低微，但无一例外地改变了我的性格。

年幼时，我是一个性格内向，也极其柔弱的人，既胆小怕事，也缺乏一些勇气和韧劲。反倒是在叛逆期的成长，使我成了一个更具勇气和血性的男人。从这个时期开始，我变得重情重义，开始独当一面，且被人认可和追随，也开始成为小团体的领袖，这些都塑造了我日后创业的特质。更重要的是，我变得更加敏锐，更加人情练达，也具有了对成功的渴望，并逐渐成为伙伴们信任的中心。不得不说，这些改变，为我今后的创业，以及在激烈的商战中站稳脚跟，打下了坚实的性格基础。也正是因为这些蜕变，才使我在之后的创业生涯中，总是不乏坚定的追随者。这和我曾在小团体中建立起的"领袖"气质是分不开的。

在问题中挖掘价值，是我成长的重要一课。让我意识到，人生没有白走的路。

在每个人的成长中，我们都乐意看到优点和光环，都乐于谈论成功而非失败，都愿意看到光明而非面对黑暗。对自身的缺点和走过的弯路，更是希望加以回避。但实际上，没有完美的个体，也没有总是正确的路。犯错才是人生的常态，误入歧途才是大部分人都可能遇到的危机。

成功的路上总是荆棘密布，大部分成功者，都是用九十九次的失败，换来了一次的成功。而我们自身也恰好因为拥有缺点和错误，才显得更加立体且真实。不完美，甚至有污点，又何尝不是一个人的魅力所在？

举个例子，马云的外表当然不够出众，可那又怎么样呢？事实上，也许正是因为外表不够出众，才成就了马云在事业上的专注，也让更多人记住了马云的谈吐和表达。试想，如果马云和张学友一样帅，那一定会缺少一些传奇色彩，拥有这样的外表，他也未必会走艰难创业的路。再如，新东方的创始人俞敏洪，在创业之初，因违反学校的规定，在校外私自授课而受到了学校的驱逐。这在当时，可以算得上非常大的污点。可正是这个意外的污点，使俞敏洪彻底离开了学校，开创了新东方。

人在逆境和困难中总是充满了潜力和力量，我们所面对的问题和考验也总会带给我们新的启发和机遇。有一句话说得非常好：当你快要坚持不下去的时候，困难也快坚持不下去了。如果你也曾是，或者正是一个"问题少年"，那么，这或许并不是一件坏事，相反，它可能让你变得更好。

▪ 少年，崭露头角

初中毕业，我选择和母亲去往成都生活，我的人生轨迹也因此开始改变。就我而言，成都是一座大城市，比我生活过的任何城市都要大，我开始在这里找寻自己的目标和位置。我就读的学校是成都一所标准的现代化中学，无论是校园环境，还是学习风气，都远远胜过小城市的学校。我也是在这里第一次感受到了现代化学府的气息，感受到了自己和这里孩子的差距。相比成都本地的孩子来说，我更像一个从偏远地区来求学的外地青年，既没有熟悉的环境，也没有熟络的人脉，甚至会受到冷眼和歧视。我记得还在入学军训的时候，就已经被同寝室的同学奚落了。

但是，当我真正踏入这所校园时，一切都改变了。这里包容的环境和国际化的视野很快就激发了我的好奇心，我开始在这里崭露头角，如鱼得水，利用一切可以接触到的资源开阔自己的眼界，每交到一个新朋友都如获至宝。同时，正由于我是一名外来的学生，让我具备了初生牛犊不怕虎的精神，对任何社交场合都没有顾虑。

好奇心带着我探访了每一个兴趣社团、每一次专家座谈，这也让我成了学校知名的"演讲家"。我开始在学校各大活动场所发表自己的思想、看法，以及叛逆过程中的反思。这都引起了学校师生极大的反响和轰动。他们都知道，入学的新生里有个思维极其活跃的同学叫邓予恒，这个同学既谈论主流的观点，又显得异常另类。

那时候，正值奥巴马刚刚当选美国总统，我便开始疯狂地练习他的演讲方式，"Yes，we can"是他最经典的演讲，我几乎能够全文背诵。这使我在学校的各大演讲活动中脱颖而出。传统校园里少有的美式表达和幽默，让我在学校里的各大演讲比赛中崭露头角，所有人都对我印象深刻。尽管我来自偏远的小城，但我可以在演讲中穿插社会、历史，以及一些有关公平和正义的话题。因为我曾在小城中经历过贫穷、暴力，以及许多的不公平，我了解一切。

与此同时，"问题少年"时期形成的团体意识和领袖气质，又让我结识了一些可以称兄道弟的伙伴，他们无比支持我在学校的各类活动。

　　一切成熟之时，我决定给自己争取一件莫大的荣誉——竞选校学生会主席。如果能做到，将让我在这所学校乃至这座全新的城市建立极大的自信。

　　要知道，在这所现代化的国家重点高中，竞选学生会主席可不是一件容易的事。校史上，能担此职位的人，都大有来头，要么是不折不扣的关系户，要么是成绩拔尖的学霸，抑或是在学校有着"极高声望"的人。显然，我这个成绩一般，连被本地人接纳都实属不易的外来学生，成了最不被看好的竞选者，甚至连想象都配不上。

　　当时，有很多竞选职位供大家申请，且都竞争激烈、选拔严苛。我身边最优秀的同学，也只敢填报一些竞争性不大的基层职位，甚至很多人都不敢参选，因为深知竞选的难度和挑战。同时，严格的竞选机制让人望而却步。学校参考了国际学校的竞选方式，采用全校公开演讲、公开投票的方式进行选举。这对于十五六岁的学生来说，无疑是一次大场面的考验。许多同学听到公开演讲，纷纷撤回了竞选申请。

　　然而，这对我来说却是一个不错的消息——演讲是我突出的天赋，在投票上也可以动员我的小团体。我知道，我的机会来了。我直接填写了竞选学生会主席的申请。不过分地说，犹如平地一声雷，这个申请让全校的竞选者都大为吃惊。一个低年级的外地生，一个无名之辈，一个连站稳脚跟都略显困难的新生，参选了全校的学生会主席。事实上，直到后来我才知道，全校上万名学生中，敢申请竞选学生会主席的，只有不到 10 个人，他们大都是那些最好的班级里推荐出来的班长。这让我哭笑不得。

然而上天眷顾，恰好因为竞选机制与国际学校接轨，意外地帮我排除了许多有实力的竞争者！用枪战游戏中的话说，相当于直接"缩圈"了。许多极其优秀的同学，本来具备能力竞选学生会主席，却只敢申请一些较低的职位，直接让自己"出局"了，这对我来说真是意外之喜。

最后，选举的结果也证明我的选择是正确的。我通过激烈的公开演讲，以及利用小团体的投票支持，成了学校历史上第一位由低年级的外来新生担任的学生会主席，并连任了三年，直至毕业。在我任职的几年中，学生纪律得到了极大提升，几乎没有出现任何校园霸凌事件，因为曾经的"问题少年"很擅长处理这些令学校头疼的事。这对我在这座陌生的城市，是一次极大的自信提升，也让我明白自己的特立独行和思考是有价值的。这场把我推到"风口浪尖"的竞选，也极大地提升了我的口才和号召力。从此我变得更加自信，无所畏惧，一往无前。

敢于面对顶尖的人,挑战顶尖的事,也成了我日后从商的信条。有时候,人不一定要亦步亦趋,而是要敢于寻找跨越式的挑战和竞争。人的能力都差不多,重要的是筑起竞争的门槛,做有挑战的事。在大部分情况下,做一件小事和做一件大事都是极其艰难的,那不如做一件大事。

我们都知道,雷军是一位了不起的企业家,但更重要的是,雷军选择了正确且宏大的创业赛道,他选择从一开始就做一件了不起的事。如果雷军没有选择做小米手机,而是选择去做"小米毛巾",或许也可以成功,但一定达不到今天这样的高度,因为手机是万亿级的市场。或者说,能把毛巾做好的企业家也都很聪明,但他们很难成为世界级的富豪,因为毛巾是一个小体量的市场。

我经常跟别人开玩笑说,你让我去摆个烧烤摊,我不一定能成功,但你让我去投资一家上市公司,可能我会有机会。这不是因为我不会努力去经营烧烤摊,而是因为每个人的能力模型不一样。我很清楚自己的能力边际。比如,名创优品的创始人叶国富,就可以把几块钱的小商品生意做成价值数亿美元的公司,这就是属于他的能力模型,而非我所具备。

敢于挑战自己,敢于挑战权威,敢于挑战那些别人都认为不可能的事情,敢于挑战那些庞然大物,都因为这次破格选举的成功,既打消了我在大城市的自卑心理，又树立起了我在陌生环境中的信心，进而成了我人生的信条，对我今后的从商生涯影响巨大。从此我更加坚定地做我自己，开启一往无前的人生。

予恒说

我们对生意的直觉，像库里站在三分线。

（2023 年 3 月 11 日）

当时喜欢一个女生，只想做点事吸引她。

（2023 年 3 月 5 日）

她左右你的情绪，我们左右市场情绪，这是差距。

（2023 年 2 月 14 日）

我生来就是做买卖的，这是我的天赋，我 18 岁赚到第一桶金，就像你 18 岁可以扣篮一样。

（2023 年 1 月 25 日）

一级市场如果有选秀，再选一百遍我也是状元签。

（2023 年 1 月 23 日）

命是弱者的借口，运是强者的谦辞。

（2023 年 1 月 18 日）

记住，议论和模仿是最高的赞美。

（2022 年 12 月 31 日）

我靠资本起家，当然替富人卖命，人可以左右逢源，但必须旗帜鲜明。

（2022 年 12 月 28 日）

先让个体户赚钱，再谈沪深走势吧。

（2022 年 11 月 18 日）

没有比白手起家更浪漫的商业模式。

（2022 年 11 月 11 日）

予恒问答

Q：恒哥，你认为毕业生应该去大城市闯荡还是回老家县城发展？

A：这个问题实际上我们在以前聊过。去什么样的城市发展更多的还是取决于这座城市和你有什么样的关系。我曾经说过一句话：北京有很多机会，但北京的机会不等于你的机会，就是这个道理。大城市有很多机会，但大城市的机会到底有多少可以和你联系在一起，这是需要思考的。就好比我们说大城市有很多优秀的人，你也可能会接触到很多了不起的人，但你还是要反思，接触就等于认识吗？认识就等于合作吗？合作就一定能赚到钱吗？

这才是问题所在。反观小城市，当然机会会少一些，但这也是相对的。还是那句话，和你有多大关系？如果你的亲戚老表、七大姑八大姨愿意在小城市给你寻找机会，真真切切地给你提供切实的机会和发展的条件，那这座城市就是属于你的，懂吗？所以到底是要去大城市闯荡，还是回老家县城发展，我认为都不重要，最重要的就是思考清楚一座城市和你的关系。

Q：恒哥，你如何看待他人对你的批评或者误解？

A：这是一件非常正常的事。首先大部分人都不是专业人士，对他人的看法也都基本基于他们自己的主观判断，不专业，也就容易造成误解或者批评。这其实没什么。比如，别人说你的工作不够好，这就是一种非常主观的评论。至于批评，有时候是对的，有时候也可能是误解。人的主观意愿都是非常强烈的，你应该明白大部分人只是为了表达而表达，为了宣泄而宣泄，而实质上并不具备专业性和正确性。所以我们的生活其实大部分是由情绪构建的。人们交流对话，大多都带着情绪。这些情绪有好有坏，有正向的，有负面的，我们大可不必去纠结。

就连我们自己去评价别人的时候，其实也是带着主观情绪的。只是有的人礼貌一些，有的人粗暴一些。当然，别人对我们的评价很多时候也是一面镜子。常言道，无风不起浪。除了一些无端的指责或者谩骂，甚至诋毁，不同的意见还是可以听一听的，也许说的正是我们所欠缺的呢。另外你要记住，真正的强者是不会在乎这个世界的评价的。因为猛兽总是独行，真正的强者往往都是和这个世界不同的。如果你和别人不同，那么必然遭到别人的谴责或者诋毁。你记住，当越来越多的人开始评价你时，不管是好是坏，这都证明你的影响力越来越大，否则没有那么多人会在意你是什么样的人。

第二辑　创业篇

■ 创业，重要的选择

　　创业，是每个富一代绕不开的选择，也是每个富一代人生的主旋律。虽然上班也能挣到钱，但很多事情并不由你自己决定，即便你是富二代，你也需要让自己投身于不断的创业中，无论是万达公子王思聪，还是赌王之子何猷君，他们自身都是成功的创业者，更不用说那些白手起家、逆天改命的富一代了。因为，只有创业才能实现自己对财富的掌控，也只有创业才能让自己维持创新、立在潮头，真正走上财务自由的路。

　　那么，创业最重要的是什么？创业之前，我们应该有哪些思考和准备？当我走过许多的路以后，我认定创业之初，最重要的是选对行业和赛道。

　　很多人都告诉过你，做事要从小事做起，创业要一步一个台阶。这当然没有问题，事实上，这也是大部分人的选择。大部分人第一次创业，都会选择投资小、规模小，成本低、难度低的项目。因为这些项目门槛低，便于开启和维系，比如，选择开餐饮店、健身房，打造服装品牌，或者开培训班等。毫无疑问，这些都是不错的创业项目，至少其复杂程度都不算高，也都很好上手。甚至有很多人认为，只要能赚钱，就可以随意找一个行业开始创业。

但是，你真的要从这些赛道入手吗？你真的认为伟大的企业都是从浑浑噩噩开始的吗？你真的认为富豪们口中所说的成功都是偶然吗？又或者你认为只要足够勤奋，就可以随意地开始创业吗？

我们听过很多白手起家的创业故事。李嘉诚早年卖塑料花，马云早年开翻译社……这些故事因为他们的巨大成功而被打上了传奇的标签，让年轻人以为，我们也可以这样。因为我们会产生一种思维：李嘉诚是因为卖塑料花发家的，马云是通过开翻译社而成就了后来的阿里巴巴。但事实真是如此吗？如果你用单线思维，可能你就会这么认为；但你如果用多线思维来思考，就应该质疑，这些项目对当时的他们来说，其实也一样是失败的！你如果一味去复刻他们的故事，就会发现成功只是偶然——卖塑料花很难建立起房地产的帝国，开翻译社的经历也并不会助力电商梦。富豪们成功以后都会用"低微起家"的故事告诉年轻人，你应该从"低"做起，这样才能凸显他们的传奇。

但事实上，我们看到类似比尔·盖茨、马云、贝索斯、扎克伯格、王健林、巴菲特、王传福，一方面他们都选择了宏大且高难度的赛道进行创业，另一方面他们无一例外都选择了符合时代浪潮、有巨大产业机会的领域进行创业，如房地产、互联网、金融、智能汽车等。这些赛道从开始之初就有着万亿级的机会，即使做到1%的市场占有率，也可以占据上百亿的财富，这才是事实的真相。把握时代的脉搏，选择一个有巨大潜力的创业赛道是非常重要的。扎克伯格只会告诉你，他创办 Facebook 是为了讨女孩子欢心，而事实上是因为他嗅到了社交网络的颠覆式发展。马云只会告诉你，从一开始自己就不知道该做什么，创办阿里似乎只是一种偶然，而事实上，他曾乘坐飞机来往美国多次，沟通全世界的投资者，发誓要建起一座电商王国。即便阿里巴巴的联合创始人蔡崇信也会告诉你，他放弃百万年薪加入阿里巴巴，只是一种直觉，又或是一种偶然，甚至连自己的妻子都万分不解，而事实上，当时的阿里巴巴刚刚完成了软银资本对其数千万美元的投资，一切都蓄势待发。

我们应该明白，创业的选择十分重要！不同的选择会直接导致不同的结果。那些看似难度大、规模大、门槛高的领域，实则也蕴含着巨大的成功；而那些难度小、规模小、门槛低的领域，迟早也会因为市场的饱和以及"低水平"的竞争而抵消掉所有的利润，只能在市场中勉强"活着"。低门槛的竞争带来低水平的竞争者，低水平的竞争者分享低廉的利润，这是不争的事实。当时，20岁出头的我，当然希望自己在将来可以加入富豪之列。至少有一点我是清楚的，当时的我雄心勃勃，我暗自发愿，要从可以缔造伟大事业的赛道入手创业，并时刻提醒自己："要向着星辰大海出发，即使不能抵达，也要着陆于群星之间。"

⸭ 创业，休学的决定

进入大学后，我从第一天开始就是不安的。

我就读的是一所普通高校，并选择了金融专业。本来我也想过就读新闻专业，因为写作是我所擅长的，但巧合的是，我被金融专业提前录取了。一开始我甚至对金融专业有些抵触，因为我的数学成绩一向不好。但和一位教授的交流改变了我的看法，他告诉我，金融是世界的顶层架构，资本可以调度一切。我觉得听起来不错，便懵懵懂懂地接受了。事实证明，我的选择是极其正确的，选择金融专业对我的影响极大，也奠定了我后来的路。

但真正改变我一生的，是那颗进入学校以后蠢蠢欲动的心，以及那个关于休学创业的决定。尽管那时我才刚进入学校不久，但我似乎听到了这个世界的脉搏，在隐隐约约召唤着我；尽管我的身体还坐在教室里，但心早已飞出学校，飞去了外面的世界。

因为在我入学后的第一年，一个属于奇迹和疯狂的时代悄然到来了，那是一个草根逆袭、少年炫技的创业时代，它像一阵风突然唤醒了我，在平淡且沉闷的大学生活中，给了我第二次生命。

那是 2014 年，移动互联网爆发了。一个新的时代来临，也造就了一批新的富豪，我们称作互联网新贵。其中有基于移动社交的陌陌，有共享单车的实践者 ofo……手机端的应用商店里每天都在上演造富的传奇。那些年轻的创业者被资本捧上了神坛，成为时代的焦点，令更多的创业者前赴后继。

另外，我看到美国诞生了令世界瞩目的互联网公司，如Facebook、Instagram 等，这些全新的事物改变着世界，获得了上百亿美元的估值。而我入学时，也正好赶上了"大众创业，万众创新"的时代号召，各类创业资金和政策的扶持，令创业公司如雨后春笋般生长起来。与此同时，资本巨鳄们也纷纷出手，野心勃勃地挖掘着那些由年轻人创办的公司，一切都浩浩荡荡地在时代的浪潮中轮转着，没有哪一个青年可以拒绝这样的机会，我也如此。

当时令我印象深刻的是，阿里巴巴以 5000 万美元投资了一名"90 后"创业者开发的一款软件——超级课程表；聚美优品的陈欧也打出了"我为自己代言"的标志性时代广告，一夜成为家喻户晓的创业者；ofo 的戴威正把北大校园里的共享单车铺遍全国各地；Uber 和滴滴也刚刚兴起，正在激烈地争夺着全球市场。这一切都充满了无限的可能性，每天都有全新的事物出现。而我，当然也不想错过。

经过一番思考和犹豫，我决定离开学校，创办属于自己的互联网公司。而这也迫使我只能先行休学，因为没有学校会同意学生这样做。但在当时，已经箭在弦上，没有什么可以阻挡我。我知道，如果我不去尝试，错过了这个时代，甚至熄灭了心中的火把，也许会抱憾终身。我清楚地知道，像我这样的人，没有好的背景，没有好的学历，甚至都不够努力，如果不能抓住时代给予的机遇，也许我会平庸地过完一生。因为这个决定，在无数的夜里，我曾辗转反侧，也曾动摇和后悔，但最终我选择了心中的方向，并且开启了一往无前的人生。

创业是一场挑战者的游戏，没有人一开始就知道怎么做。迷茫和动摇是创业路上的常态。但如果你真的是那个天选之子，就不应该浪费你的天赋，不应该错过一个美好的时代，茫茫的征程才是你前进的方向。

▪︎ 创业，艰难的起步

能够带来巨大财富的机会并不多，大部分人的财富也都是依靠积累和叠加。但你如果能把握获得巨量财富的机会，或者翻越你现有的圈层，就需要懂得把握时代的红利。

我是 2014 年创业的，那年我 19 岁。也是在那一年，移动互联网爆发了。伴随而来的是诸多全新的产业和机会，如游戏、社交、区块链等。一个夏天，我在大学校园里散步，思考自己应该做点什么而不至于浪费时代给予的机会。与此同时，"互联网 +"的热潮开始席卷，"大众创业，万众创新"的时代号召更是将创业的浪潮推向高点。本就不太爱学习的我，似乎已经箭在弦上，一心希望投身创业的热潮中。当时，我做了缜密的思考，认为每一次时代的机遇都可遇而不可求，以 30 年作为一个世纪的节点——30 年前，互联网的普及造就了一批世界级富豪；再往前推 30 年，计算机刚刚被发明,一切都还百废待兴;那倒推 30 年的现在呢?又是一次转瞬即逝的时代机遇。我开始思考,每一次时代的浪潮也许都只有短短几年的红利,尽管一个经济周期可以持续很长时间,但大部分时间都是沉闷的。只有走在前沿的创业者,才能分到一杯羹。2014 年,也是移动互联网的元年,我心想,这也许是我能赶上的巨大的时代红利,再慢一年、慢一个月,甚至慢一天都不行。

带着这样的思考,我毅然决然地开始了我的创业。尽管这一切在今天看来,依然不值得被效仿或者学习,但当时的我,的确无可阻挡,也心怀无限憧憬。

真实的创业是十分艰难的。我找到了我的高中同学,他是一个狂热的计算机爱好者,我和他在学校的宿舍里成立了公司。

最开始我们的启动资金只有从生活费里挤出来的 3000 元,就这样懵懵懂懂地开启了创业的征程。

我还记得拼凑这 3000 元的过程。当时我们的生活费都是每月 2000 元。我们商议好,各自拿出 2000 元——总共 4000 元来做启动资金,其中 1000 元作为我们吃饭的保底。也就是说万一失败了,还能有 1000 元可以暂时生活。

幸运的是,当时的创业氛围确实不错。有各种支持大学生创业的政策，我们也获得了资金补贴，总共大概有 15000 元。同时，学校还给我们分配了一间迷你办公室，有两三个免费的工位。虽然环境简陋，但还是让我们倍感温暖和幸福，至少不用再挤在宿舍办公。我们也终于可以走出宿舍楼，拥有一方自己的小天地。

就这样，攥着手里的一万多块钱，从一间小小的办公室开始，乘着互联网创业的热潮，我们开始了夜以继日的创业。当时，正值移动互联网爆发，陌陌公司在美国成功上市，我们坚定地把创业方向放在移动手机的应用开发上，并且将目光聚焦在最熟悉的手机游戏上。

当时，我们采用的策略是"拿来主义"。我们搜集了那些全球最火爆的手机游戏，然后以本土化的风格进行创新，俨然成了一个手机游戏小工厂。虽然在今天看来，这样的模式存在许多问题，但在当时，我们确实没有别的选择，只能野蛮生长。同时，由于缺乏部分应用商店的"开发者牌照"，平均一到两周，我们就会做出一款全新的手机游戏，然后以不同的开发主体上架到手机应用商店，进行市场测试，用今天的话说，叫作"换马甲"。

资金的紧缺也长时间困扰着我们。由于没有充足的预算，甚至发不起工资，除了我的合伙人是个技术专家，我们几乎雇不到优秀的程序员。也是从那时候开始，我毅然决然地开始自学代码，并且通宵达旦地编写软件。我从一开始笨手笨脚，到后来独立编写程序，对文科出身的我来说，无疑是一个巨大的挑战。直到今天，我还能回忆起那些在夜深人静时噼噼啪啪地敲击键盘的声音，仿佛就是一场梦。

困扰我们的，还不止资源的紧缺，突如其来的变化，更是让团队流离失所。因为需要调整校区，学校取消了分配给我们的那间小办公室。我们不得不搬离唯一的办公点，面对一大堆的文件和电脑，还有新加入团队的几个伙伴，这简直是一个巨大的打击。因为我们根本租不起昂贵的写字楼，没有了办公地点，甚至连公司都无法注册，但寻找新的办公地点，确实已经迫在眉睫。我们寻找了许多地方，都以失败告终。最后，在一次沮丧的返程时，我们意外地发现了一家位于地铁口的肯德基，似乎可以成为我们临时的落脚点，因为那里不会限制顾客进入的时间。我们做出了一个决定，暂时在这家肯德基中"灵活办公"。每天点上两杯可乐，一对鸡翅，就能坐在肯德基写上一天的代码。这已经让我们感到了无比幸福，因为这样既省钱又划算，还能享用免费的卫生间，甚至还可以给加班的自己"加鸡腿"。更重要的是，地铁口的位置，非常有利于我们面试新员工——即便没有一个面试者愿意留下来在肯德基里办公，甚至所有人都认为我们是皮包公司。但事实上，我对这个称呼也没有异议，甚至有一些得意，因为每个面试者来之前，都以为我们公司拥有矗立在地铁口的摩天大厦，这样确实吸引了很多人才前来面谈，虽然难以让他们留下，但总归提升了招聘概率。

那些热气腾腾的岁月就像煮开的水和燃放的烟花，所有的憧憬和希望、勇气和努力、叛逆和争吵，都是我们年轻时真实的样子。不得不说，自娱自乐和自我安慰成了创业初期的精神食粮。即便现在看来，也十分重要。创业者在早期往往都是迷惘和枯燥的，团队的精神状态对早期创业起着重要作用。有时候，尊严真的一文不值，只有相信团队、相信未来，才能做到用诙谐和幽默抵抗创业的无聊和艰难，让团队更有凝聚力。我很认同马云说过的那句话："别人是因为看见，所以相信；我们是因为相信，所以看见。"任何一家伟大的创业公司在起步之时，都曾遭遇众人的冷眼，因为伟大的事情，本身就只有少数人能看懂。大部分人都看得懂的事，也不会有太高的门槛和价值。

人们往往容易因为世俗的观点和固有的逻辑错过伟大的公司。就好比那些曾经吐槽我们是皮包公司的面试者，他们并不知道，我们可以创造巨大的机会、财富，以及影响力。电影《社交网络》中有一句经典的台词："伟大的公司（Facebook）在这里创造，而他们却要在纽约拍传统广告商的马屁。"谁能预测未来呢？只有我们自己。

■ 创业，把握时代的脉搏

手机游戏业务的尝试，确实奠定了我们最初的业务模式，最起码让团队生存了下来。我们不仅在游戏领域找到了创业的乐趣，更重要的是，我们结识了一批来自全球不同地区的创业者，并乐此不疲地在一起研发和测试着那些新奇的游戏产品，这让我倍感幸运，因为日后，其中的一些公司和产品将改变一些行业，成长为价值数亿美元的庞然大物。但在当时，由于互联网生态并不完善，用户的付费习惯也难以建立，手机游戏还是难以盈利的，尤其是单机手游，只能依靠广告和订阅维持生计，最好的出路就是被大公司收购。在这样被动的处境下，我们只能寻找更多的业务，以增加收入，一方面可以支撑游戏的研发，另一方面可以让公司正常运转并且活下去。我开始整日浸泡在各大技术交流网站，希望找到新的技术和商业模式，并为我们所用。

就在这时，我在一个技术论坛里发现了商机——开发 SDK，并将它卖给那些成熟的创业公司。什么是 SDK 呢？SDK 全名"Software Development Kit"，简单来说，就是指一种软件开发工具的集合，通过 SDK，软件工程师可以像搭积木一样，更简单地去开发手机软件。所以，好的 SDK 是具有高度商业价值的，大公司也非常愿意为之付费。比如，大家都用过一些 P 图软件，类似美图秀秀、醒图等，但其实诸如"瘦脸"或"滤镜"等功能，也可以使用一些成熟的 SDK 进行搭建，并不需要太复杂的代码就可以实现，就像装修和搭积木一样，大公司只需要把精力花在市场的推广和营销上，许多技术问题都可以通过 SDK 进行改善和升级。尤其是在那个移动互联网刚刚兴起的时代，虽然国内的技术还不够成熟，但海外却有着众多先进的产品，这样的市场空白使得国内的 SDK 市场迎来了爆发式的机会。我们就是抓住了这个机会，实现了公司的爆发式增长。

我首先在全球的应用中找到最炙手可热的手机软件，再打磨出一套适合国内创业公司使用的本土化 SDK。这样一来，无数想要模仿这些海外软件的国内创业者，都愿意购买我们的 SDK。我们发现，社交软件是具有巨大技术难度的，但又是全球吸金最多的项目。当时已经在全球大火的拍照社交软件 Instagram，因海量新潮的相机滤镜而收获了数亿用户，成为全美最受欢迎的拍照软件，甚至被 Facebook 开出了震惊整个业界的 30 亿美元的收购条款。当时，国内的移动社交才刚刚起步，不少创业公司都争先恐后地希望成为下一个 Instagram。我们开始思考，如何把类似 Instagram 的滤镜技术输送到国内，这样我们就可以抢占市场先机。就这样，我开始迅速搭建团队，将自己一年的生活费，全部投入技术研发中，并招募最好的工程师。尽管我们的业务进展得如火如荼，但人手还是无法及时到位。由于资金紧缺，我们招来的工程师悉数离职。无奈之下，我决定自己学习写代码，这对我来说确实是个很大的挑战。然而，在那样的环境下，我已经没有选择，我赌上了所有积蓄以及学业，走下去是我唯一的选择。

同时，也是在那个时候，我购买了人生第一台苹果电脑，让我意外感受到了苹果公司产品的强大，更是成了一名"果粉"，甚至在我们赚到第一桶金后，就毫不犹豫地购买了苹果公司的股票。这也是我第一次开始接触金融市场，为日后的投资生涯迈出了重要的一步。毕竟，我还是一名金融专业的学生，尝试买股票，也是我的家庭作业。

后来，在长达半年的努力和上百个版本的迭代后，我们开发出了一款功能强大的滤镜 SDK，并受到大公司的追捧。一时间，我们赚得盆满钵满，甚至收到了许多公司的收购邀约，希望直接买断我们的技术，有的报价高达数百万美元，这让我与合伙人激动不已。要知道，我们都还只是每月生活费不到2000元的大学生，对数百万美元根本没有任何概念，却突然拥有了几千万元的现金，这对当时的我们来说是非常疯狂的。

同时，我们还尝试了别的互联网项目，也都收获颇丰。在一次课堂上，我认识了一名外籍教师并和他成了朋友。他经常和我聊一些国外发生的事情。一次偶然的谈话中，他告诉我，他的哥哥是谷歌的一位高管，他们正以重金挖掘那些印度裔的天才工程师，但进展并不顺利，因为文化的差异和地域的限制，在传统的招聘网站上很难实现。我认为这是一次绝好的商机，既然美国的互联网巨头愿意支付如此高的薪酬去寻找印度裔的天才工程师，那我们是否可以搭建一个专供印度裔工程师求职的平台，并让欧美互联网公司为搜寻简历而付费呢？于是我让团队快速搭建，并在3个月内搜集了数千名亚裔工程师的简历，赚取了不少的猎头佣金。

赚到这一桶金后，我除购买一些股票外，开始对风险投资也就是一级市场产生了兴趣。由于SDK的业务，我接触到了很多有潜力上市的新兴互联网公司，并在与它们的合作中寻找着机会，同时趁机购买了一些它们价格极低的原始股。这些都基于一方面我们本身就为它们提供服务，双方非常熟悉；另一方面对于一些我非常看好的公司，我们团队甚至愿意免费向其提供技术支持，以换得一些股份。后来的事情大家都知道了，这些当初渺小的互联网公司，竟成群结队地登陆香港股市和纳斯达克，创下了数百亿美元甚至上千亿美元的神话。当时，平均每过几天，身边就会诞生一位新的亿万富翁，这在现在看来是令人难以置信的，而我们也踩在了时代的红利上，一时间挣得盆满钵满。

除了对股权市场的投资以外，我们还关注了一些前沿技术的发展。当时，听一位互联网公司的高层管理人员说，他们正在关注一种叫区块链的新技术，和一种叫以太坊的虚拟产品，这些产品在当时的价格非常便宜，但今后却可能成为巨大的升值潜力产品。于是，我们便用当时剩余的资金买入了一部分。直到后来，大家都知道了，这东西竟然由每个几十元人民币涨到了数千美元，一切都像做梦一样。当然我们也做了一些失败的投资，比如，因为对一些互联网公司发展前景的错判，导致了巨大的亏损，我们几乎从原有的业务，慢慢转型成了一家由投资业务驱动的公司。而这一切又这么顺其自然，仿佛就是被时代的浪潮推着向前走的，并不代表我们有什么远见和预知。

讲述这些，就是为了用我的亲身经历告诉你，一定要学会把握时代的红利。人和人之间最大的差别，就是把握时代机会的能力。身处时代的洪流之中，你才能立在潮头，这样即便是风口上的猪也能飞起来。往往一次对时代机会的把握，就决定了一个人大部分的财富。

创业，做最重要的事

关于天赋，我描述过许多。找到自己的天赋，这将影响你一生的高度。我曾在直播和短视频中反复强调，我自己对此也深信不疑。

开始创业时，我做过很多项目，大部分都基于移动互联网。为了公司能够生存，我们做过许多软件外包业务，就是为那些大的互联网公司提供某一个模块的技术支持，我们做过电商，做过工具，做过社交，做过游戏，还尝试做团购。不得不说，和大公司的合作让我们赚到了很多钱，因为他们不断疯狂地融资，又不断疯狂地花钱，在那个技术还不够成熟的年代，对新技术的研发几乎没有预算上限。

当时，由于业务量的极大增长，我需要亲力亲为地和不同部门沟通，包括业务部门、财务部门、法务部门、融资部门，甚至人力资源部门等，像一个操碎了心的家长，要关注自己孩子成长的方方面面。但事实上，这让当时的我心力交瘁，也并未给公司带来很高的效益。比如，由于不能像大公司一样配备专业的人力团队，我需要完善每个员工的晋升机制，以及了解他们对公司的态度和看法。但实际上，我对这些工作并不专业，也浪费了极大的精力。不仅如此，我还花大量时间去培养和塑造员工，但往往效果不佳。千辛万苦培养出的人才，又常常草草地离职，像一盆盆浇在我头上的冷水。这些都加重了我工作的负担，影响了我的创业激情，也极大地影响了我的工作效率。

我开始意识到，我应该脱离不必要的管理工作，或者说应该把更多的精力和热情放在自己擅长的事情上，如制定战略、游说资本、研发技术等。对于其他的管理工作，或许应该交给更专业的人来做。事实上，这些工作也都极其重要。于是，我做了一个艰难的决定——辞去公司的 CEO，将这个职位交给更合适的人来做。这个决定对公司和我个人的发展都是极其重要的，因为我开始懂得正视自己的天赋，也正视自己的弱点。即便到了今天，我也认为这是一个无比正确的选择。创业者一定要懂得去做最重要的事，而不是样样抓。很多人都会拥有一种错觉，似乎自己什么都可以做好，这其实是不可能的。创业者一定要明白，完成主线任务才是你的使命，不要过于纠结各种支线任务。事实上，不能做好最重要的事，就会导致满盘皆输。就像一家公司的发展，如果你既要管业务，又要管财务，还要管法务，那就容易什么都管不好，但如果你能把所有精力放在业务的增长上，把其他事情交给专业的人来做，你就能找到公司增长的引擎。

我曾讲过飞轮效应，飞轮效应是一种现象，指的是为了使静止的飞轮转动起来，一开始必须使用很大的力气，每转一圈都很费力，但当飞轮转动得越来越快并达到某一临界点后，飞轮的重力和冲力会成为推动力的一部分，这时无须再费更大的力气，飞轮依旧会快速转动，而且不停地转动。事业的发展也像飞轮一样，我们应该关注事物发展最核心的动力，在最开始就得用巧劲，而非用蛮力，只有先集中力量将飞轮转起来，其余的一切问题才可以迎刃而解。做最重要的事，一定比面面俱到更为重要。

▪ 创业，开拓新的圈层

我跟大家讲过，一个人的天赋是极其重要的，尤其是一个人的内在天赋。

在创业几年后，我开始意识到，我的天赋更倾向那些沟通和谈判，以及对宏观的把控，而对于那些非常细节的管理工作，我并不喜欢，也不会产生多少兴趣。许多时候我都只关注公司业务增长，而将管理类的工作抛在脑后。不能说管理并不重要，只是在一家公司的初创期，野蛮增长确实是第一要务。硅谷有句话，叫作"keep growing, nothing else"，就是说，除了增长，一切都不重要。这对我来说非常受用，很多老板都是样样抓，但什么都做不好，忽略了业务增长才是公司成长的第一要务。

但是，对管理的疏忽也造成了公司内部的一些危机，虽然我们发展得很快，但对人才的培养以及制度的建设都存在或多或少的问题。所以，在我认识到自己对管理工作并没有太多天赋的时候，我开始寻求改变。那个时候公司的业务增长已经非常快了，公司账面上也非常充盈，我开始思考暂时离开公司，由新的 CEO 来接任我的工作。我希望通过这样的改变，既能完成对公司管理制度的调整，也能让我抽出一些时间和空间，走出去和这个世界交流。

把工作交接完以后，新的 CEO 上任了，我决定离开公司去拓展我的圈层，丰富我的社交生活。当然，虽然有了新的 CEO，但我依旧是公司的大股东，并且已经赚到不少钱，至少足够我周游世界，长时间躺平。那时候，公司已经有员工两三百人，对年轻的我来说，确实是一件有成就感的事。同时，丰富的创业和融资经验，让我无论从视野还是格局上，都有了比同龄人更大的提升。直到今天，我也是创业的坚定鼓吹者，因为创业无论成败，都会极大地提升你的眼界和格局，因为实打实地创办过公司、管理过公司，在经营的死亡线上挣扎过，人的心境和格局都会不一样。

在离开公司以后，我决定首先空出一段时间去和不同的创业者以及前辈交流，这样既可以打开视野，也可以提升我的圈层。毕竟我只是拥有自己公司内部的经验，很少听见外部的声音。即便有过一些成功，但闭门造车还是不可取的。而且社交也是我所擅长的，在创业的过程中，我发现自己有着极强的沟通能力，无论在多大的场合，我都能侃侃而谈，并获取人们的信任。尽管我没有深入地去做管理工作，但我的愿景和思想也深深地影响了公司的发展。不仅如此，我还能游说投资者对公司给予支持，用真金白银支持我的愿景和梦想。不得不说，我的社交能力和资源整合能力，在创业初期极大地帮助了我自己，也帮助了公司。

在那段暂离公司的时光里，我开始利用社交优势，填补我在圈层上的空白。创业者的圈层是非常重要的，因为大家都是具有能量和资源的人，优秀的创业者相互交流，往往能带来丰富的机遇，投资圈也有一句话，叫作"投人不投项目"，大概的意思，就是只会投资自己的朋友，或者只会投资自己身边的人。虽然混圈并不是一件具有长久价值的事情，但即便从今天来看，我也认为一个人的圈层和人脉是极其重要的。无论你做什么样的事情，都不能忽略圈层的价值；无论我们做什么样的生意，都是在和人打交道。尤其是在中国，几千年来的人情世故，是一种根深蒂固的文化。多一个朋友，多一条路，这不仅是一句老话，也是我的信条。

于是，我开始有计划地踏上了我的社交之旅。我首先选择了一线城市，因为只有在一线城市，才具有最顶尖和最集中的人脉资源。准备好一切以后，我去了上海，开启了在上海的新生活。在上海这样的大都市，确实让我收获了全新的视野，也收获了我在日后创业中最为重要的几位创业伙伴，他们毕业于复旦大学和上海交通大学，都具有国际背景的投资经验，对我日后的投资生涯产生了重大的影响。也是在上海，我开始真正接触风险投资，并和这个行业的人成为朋友，同时我尝试加入一些顶尖的风险投资机构，正式从以前的创业中抽离出来，开始转型为一名风险投资人；我学习到了最前沿和国际化的工作方式，同时收获了不少外籍好友，这对我今后的海外投资，以及跨境业务，都打下了最原始的基础，可以说，上海这座魔幻的都市，确实给了我更高的眼界，让我不虚此行。在上海，我看到了一个灯红酒绿、纸醉金迷的世界，但更重要的是，我看到了自己和世界的差距，这也更加激发了我成功的欲望，我开始意识到自己的渺小，也开始渴望成长为庞然大物。

在上海待了一年后，我又去了北京，并在北京大学学习工商管理。在北大，我认识了不少知名的创业者和投资人，其中不乏后来改变中国互联网格局的传奇大佬，如拼多多的黄峥、贝壳网的左晖，以及聚美优品的陈欧等，这些人在后来都极大地影响了我，也成了我的目标和榜样，他们拥有更高的格局、更强的实力，以及全球化的视野，这都是我在成都所难以接触到的。在那段时间里，我的认知每天都在极大地提升，不仅是因为我看到了那些巨大的企业，更重要的是，那些明星创业者为我树立了更大胆的目标。我开始思考，我应该在新一代的创业者当中崭露头角，我应该具有更宏大的目标，甚至在时代中留下自己的名字。但与此同时，向上社交的过程也让我花销不菲，昂贵的圈层也像一个巨大的熔炉，几乎花光了我创业赚到的所有积蓄。有时候，我甚至会为了请客吃饭而花销巨大，然后晚上在公寓里，用一包泡面为自己充饥。尽管今天看来，这样其实是不明智的，但当时的我冲劲十足，对向上社交感到乐此不疲。因为我明白圈层的重要性，我知道高价值的圈层可以把我带向更高处，而这样跨越式的成长，又有几个意气风发的青年可以拒绝呢？

直到今天，我依然认为对圈层的投资是最长久也是最有价值的，只要你的身边始终有一群杰出的人，你就有机会持续赚钱。对当时的我来说，要么冲上云霄，要么一贫如洗，以至于对很多事情，我都志在必得。

⬛ 创业，投资的历练

前面说过，在挣到第一桶金后，我们开始了对投资的试水。尝试很激进，我甚至成立了独立的投资机构来运作和管理，毕竟我还是一名金融专业的学生，投资对我来说更像是一种被唤醒的本能。同时，资本运作的意识开始在我的脑海中产生，我清楚地意识到，商业的终局都是资本的运作。因为，和我们创业时那些苦不堪言的业务相比，投资带来的收益实在是要轻松和高效得多，这样的方式非常让人着迷。尽管在今天来看，许多红利都像过眼云烟，包括资本市场也是如此。

当时，在我们初期的投资尝试中，将主要方向集中在了一级市场的风险投资和对虚拟货币的大胆试水，虽然得益于时代红利，也收益颇丰，但虚拟经济毕竟有着巨大的风险。由此，我们开始了关于投资实体经济的思考。但我们这些互联网的"极客"创业者，对实体产业的认知实在不足，这也成了我一直想要去填补的板块。那时候，一位投资行业里德高望重的前辈告诉我，西南地区有非常多的实体企业等待被挖掘，从消费业到制造业，都有着巨大的潜力。当时，我已经离开成都去了上海，专注于投资上海那些有潜力成为独角兽的互联网公司。在"互联网＋"的趋势下，我认为投资实体行业的机会确实是巨大的，许多传统行业都能用互联网的思维重塑一遍，类似周黑鸭、元气森林等，都成了炙手可热的实体创业公司。我不想错过这个投资的绝佳机会。考虑再三，我决定补齐我在实体产业的投资空白，投资一些业务扎实的实体企业，为我的投资组合增添新的元素。于是，我毅然决然地离开上海，回到了成都，雄心勃勃地去寻找那些有巨大潜力的实体企业。

刚回成都时，我几乎是"两眼一抹黑"，不知从什么产业投起，也不知道从什么领域开始着手。因为我过去的经验都在互联网技术的应用和开发上，并不了解实体企业的经营方式以及财务状况，我所了解的手机游戏、社交网络，都难以帮助我看懂实体企业。于是，我想到最有效的方法，就是先密集地去和企业接触，与实体企业老板沟通，从沟通中找到方向，或许这样可以带给我新的启发。

于是，我开始为期数月的不停地"跑工厂"和"跑峰会"。

当时,我几乎跑遍了所有的行业峰会,添加了近百位实体企业老板的微信好友,认真向他们学习实体的经营思路和策略,以及询问他们对资本和互联网的看法。一开始,很多实体老板对资本和互联网都是拒绝的,因为他们本身就可以盈利,也不愿意让互联网和资本对其进行改造。遇到这种情况,我就耐心地给他们讲解融资的意义,以及互联网对新一代消费者的影响,希望他们愿意和我们接触,由此改变他们固化的思想。

同时,我开始想方设法地寻求政府的协助。请他们从纳税规模、企业影响力等方面搜寻,向我推荐一些优质的实体企业。

就这样,我白天参加各种论坛,和企业家交流,晚上核对优质企业名单。在苦苦寻觅之后,终于有一家实体企业让我眼前一亮,他们拥有优质的资产和品牌力,且尚处在我有能力参与的规模,这就是和"老干妈"下饭菜产品趋同的饭扫光食品。

我开始了解这家公司。

饭扫光从事了20余年的佐餐生产,是西南规模位于前列的实体企业,拥有"老干妈平替"的美誉,其产品远销全球数十个国家,超市入驻率超过了90%,同时是在西南地区家喻户晓的食品品牌。彼时,这家公司也已完成了多家风险投资机构的入股,融资金额高达数亿元人民币。其中不乏天图资本、深创投等明星机构参与。

而我本人恰好也是资深的饭扫光用户，也常在一些简餐的场合，用一碗米饭配上一瓶饭扫光。所以，当我接触这家企业时，便有了一种独特的好感，并开始着手参与对饭扫光品牌的投资。

收集好资料后，经过一番引荐，我联系到了饭扫光集团的股东，并见到了饭扫光的创始人——高银江。出乎意料之外的是，她是一位优雅且干练的女性创业者，也是一位在商场上沉浮多年的企业家。回想起来，我们的第一次见面还挺有趣的。

一个寒风凛冽的午后，我们约在一个饭店的大厅碰面。那次见面，我们开门见山、酣畅淋漓地聊了许多有关实体企业的机遇和挑战，开诚布公地谈论了许多投资的想法和细节。令我意外的是，高总对新鲜事物的接受程度非常高，她非常欢迎资本和互联网对企业进行升级和改造，也非常有信心将饭扫光做到新的高度。这让我悬在心里的石头落了地。我们一直从午后谈到傍晚，可以说是相见恨晚，一拍即合。我当时就下定决心，无论是否投资饭扫光，我都要帮助它成为"老干妈"这样高度的实体企业。民以食为天，而佐餐和配菜又非常容易标准化，且价格实惠，方便保存。我深知这是一个万亿级的市场。

那天的见面还有一个小插曲。当时，因为天气严寒，我又衣着单薄而感冒了。和高总的聊天过程中，我的咳嗽声不断，本就患有轻微咽喉炎的旧疾又加重了咳嗽的程度。见面结束后，我本想向高总致歉，因为感觉这样不太礼貌。谁知第二天却收到了由高总司机送来的羽绒服。这个举动太细心了，让我备受感动，同时感受到了这位企业家的格局，乃至实体企业家的温度和热情。这和我所接触过的互联网公司是极为不同的，因为许多实体企业家都是草根出身，艰苦创业，对人际关系的处理都更有温度。同时，我认为这是企业家的一种魅力和领导力，我在考察中发现，饭扫光团队的凝聚力也是我前所未见的，这都是这位女企业家耕耘的结果。

最终，我在仔细调研和学习后，决定参与对饭扫光的投资，几次简单的沟通后，我们便敲定了这笔交易。通过对饭扫光的投资，我收获了不止财务上的回报，还有对实体企业的了解，以及对实体产业的信心，这对我日后丰富自己的投资组合是非常重要的一次尝试和经验。

后来，我还陆陆续续投资了汽车制造工厂以及房地产等实体项目，这些都是跟投资饭扫光的经验分不开的。

如今，饭扫光已经是一家年入数亿的食品公司。不仅是四川省知名的食品企业，也成了国家级农业龙头企业，并且业务还在稳健地增长。投资饭扫光，极大地提升了我对实体产业的信心，并且为我拓展了全新的视野。也是投资饭扫光，让我从进入实体投资的第一天起，就与这样的大企业相伴，使我在后期面对更多实体企业时拥有了十足的自信心。通过这次投资，更让我对实体公司的财务报表以及经营风险等有了清晰的概念，对那些我本来陌生的工厂和设备、土地和种植，都有了新的认识。当然，这也补齐了我在实体产业的投资空白。从此，我开始增加对实体产业的投资，这让我在后来的互联网下行趋势中，渡过了一个个艰难的经济周期。

予恒说

有钱和被圈层认可，是两码事。

（2023 年 9 月 25 日）

对我们来说，创造岗位永远比寻找岗位更简单。

（2023 年 8 月 30 日）

主力资金从不畏战。

（2023 年 8 月 22 日）

大资金杀伐果断，不该在意市场情绪。

（2023 年 8 月 5 日）

圈层是永恒的印钞机。

（2023 年 7 月 27 日）

故事里，少年左灯右行，从不畏惧。

（2023 年 7 月 4 日）

一个人要走多久，才能从宿舍学生到面向全球的投资者。

（2023 年 6 月 27 日）

我们的生意一定会成功。

（2023 年 6 月 14 日）

予恒问答

Q：恒哥，都说现在创业很难，你怎么看？

A: 创业呢，就没有不难的。当然，周期的确有好坏。有的周期特别好，有的周期确实萧条。但这并不是今天这个时代的产物。几千年来，自从人们有了商业，周期就一直伴随着商业的发展。竞争也都一直存在，并且十分激烈。困难与否只是相对于你的产业或者你的能力来说，所以我说选择大于努力。雷军也说顺势而为。倒霉的周期里，也有好做的产业，但再好的产业里，也有做失败的公司。所以我们很难说，什么困难，什么简单，在我看来，赚钱都很困难。正是因为难，所以富人才是少数，否则任何人都能赚钱了。你应该明白，有门槛是好事。钱太容易赚，泡沫就会很大，我反而比较乐观，因为我有知识、有文化、有认知，我当然希望财富都是依托于我的智慧和能力产生的，而对很多人来说，这些都不一定全部具备，所以这也许恰恰是我们的优势。回头看，即便我们经历过很好赚钱的时代，但过去的那些时代红利，也并非是我们这一代人都能抓住的。所以我认为今天其实也挺好。

Q：恒哥，你怎么看待区块链和虚拟货币？

A: 区块链是一种新的技术，虚拟货币其实只是区块链在某一方面的一种技术应用。从本质上来讲，你也可以不把它看成货币。或者我们本身就不承认它是货币，它只是一种虚拟商品，一种由区块链技术所衍生的虚拟产品。只是这种虚拟商品确实被活跃地交易着，所以价格起起伏伏，投资者也都很感兴趣。这就跟你买古董、买艺术品是一个道理。我认为如果我们要研究虚拟货币的价值，那就必须研究区块链的价值。

坦率地讲，我个人并不支持完全去中心化这样一种思想，因为人都是有欲望的，有欲望就有中心化；因为人都是自私的，都希望财富和资源向自身聚拢。所以，绝对的公平和去中心化，我认为很难。但是这种技术确实有它的应用场景。比如在国际结算，或者信用体系上都有强大的应用。因为很多跨国贸易缺乏信用体系支撑，不管是货币、契约，还是法律，都可以用去中心化技术进行完善。此外，食品的卫生和健康也都可以利用区块链进行产地和加工溯源，而且非常难以造假。再如，公司的财务以及投资者的权益，都可以利用区块链进行监督和保护。所以我还是觉得，重要的始终是技术本身，至于这个技术会衍生出什么样的应用，是难以人为控制的。区块链技术目前处于成长期，我们虽然讲科技向善，但技术本身并没有思想，它不知道什么是对的，什么是错的。所以今天仍有很多人在问，区块链或者虚拟货币到底有没有价值，这个很难讲。重要的，还是这项技术能否让人们的生活更加美好。毕竟，不管是消费者还是投资者，都只为价值买单。说得再俗一点，大家都只为真真实实的美好生活买单。但是从客观来讲，一项技术的诞生和发展确实需要时间和耐心。这里边充斥着分歧、误解，甚至欺骗和矛盾也都再正常不过了。几百年前欧洲的启蒙运动也曾经受到很多质疑，人们第一次用上电灯泡和照相机，也都令大家感到害怕和惶恐。所以我个人还是更期待技术的发展，我并不认为技术应该被炒作，有用就是有用，没用就是没用。

Q：恒哥，你认为学历重要吗？

A: 这是个老生常谈的话题了。学历固然重要，但我并不认为它是绝对的。我们做任何一件事情，重要的都是提高我们成功的概率。你问我学历重不重要，这就好比你问我阅读重不重要。多学一些知识，多懂一些道理，当然可以帮助我们成为一个更好的人，也有概率帮我们获得更好的工作。凡是能提升成功概率的事情，我们为什么不把它做好呢？

也许你不知道它究竟有多重要，但你内心至少明白，学习太差至少不是一件好事，或者学历低，至少会减少一些你选择工作的机会。所以，我认为凡是能帮助你变得更好的事情，都应该尽你所能地去做，但也不要把它看成唯一。人的成功是受非常复杂的因素影响的，如天赋、努力、时代、运气、选择、伙伴、婚姻等，每一个因素，都只会影响概率，而不会决定结果。好比你买六合彩中了1000万元，是不是成功？当然也算，说明你的运气特别好。再如，你嫁入豪门，是不是成功？我觉得也是，说明你善于把握人生的缘分和机遇。我觉得学历是一把双刃剑，重要的是，什么样的环境可以带给我们成功，不同的选择也会导致不同的结果。比如，你考上了一所很好的大学，就有机会获得更好的工作。但也可能正因为如此，才让你放弃了风险更高的创业，导致你就失去了一次获得巨大财富的机会。相反，就像我一样，正是因为我的高考并不顺利，所以我才渴望用创业改变人生，反而使我背水一战，得到了我想得到的东西。但如果今天你要问我，希望自己的学历更高吗？答案是肯定的。还是那句话，能让自己变得更好，何乐而不为呢？即便你可以创业成功，但你无法确保一直成功；即便你今天成功，也有可能明天失败。更好的学历会给我们更多的机会，换句话说，它虽然不能决定你的上限，但能托起你的下限。所以，能有学习的机会，还是应该把握住，不要辜负了自己的时光。

第三辑　思考篇

■ 天赋的认知

你知道自己的天赋是什么吗？我们都在羡慕别人的天赋，可你真的关注过自己的天赋吗？在网络上，很多人都曾谈论自己的天赋，但其实或许你的天赋也不差。我们每个人都有自己的天赋，也许不像那些超级巨星般耀眼，但依旧具有无限的可能。而人类历史上那些星光熠熠的人，其实依赖的就是自己的天赋。比如，爱因斯坦拥有极高的智商，而姚明具有身高的天赋。找到自己的天赋是极为重要的。

天赋一旦被发掘，就会产生巨大的潜力。但天赋又像基因一样，是难以改变的，它更像是刻在每个人骨子里的东西。大家经常说培养天赋或培养兴趣，我并不这样认为。天赋或许可以培养，但并不一定能让你走得很远；也许可以让你增加一项技能，但难以让你成为某个领域的大师。

　　天赋的类型有很多种，有的是身体素质，有的是性格，有的是感知，有的就是你的基因。每个人都有自己的天赋，却不是每个人都能发现它，因为很多人都是随波逐流的，还没来得及挖掘出自己的天赋，就已经跟着别人走了。但是在我看来，找到自己的天赋是极为重要的，它直接决定了你的人生走向。

　　除了那些与生俱来的天赋外，一个人的内在性格和品质也非常重要。我们不一定生来就有明显的优势，比如长到两米的个子，或者天生神力，又或者智商超群，就像有的人可以轻松考第一名，有的人十几岁就能拿奥运冠军。这些天赋当然令人羡慕，但并非一定能成为一个人的优势。但你有怎样的性格和品质，却是我们每个人都有机会去塑造的，只是平时被我们忽略了。

　　你可能很少关注过你的性格和品质，因为比起那些外在的硬件条件，它们显得更加隐秘。但实际上这才是我们的强大天赋，不同性格的人适合做不同的事，在某些时候甚至比能力或者学历更重要。每个人都有不同的性格或品质，有的人内敛，有的人外向，有的人勤奋，有的人狡诈，有的人善良，有的人安静，有的人暴躁，这些都是在成长过程中，受不同的环境影响而逐渐形成的。所以我们的原生家庭对人的塑造是非常重要的。很多公司都会注重对人才能力的筛选，却忽略了他们原生家庭对于性格和品质的影响，这其实大错特错。虽然每个人的天赋都有用武之处，但不同性格的人的确可以向不同的事业方向去引导与塑造。比如，安静的人可以培养成专注的工匠，暴烈的人却可以培养成出色的拳手，粗心的人也许具有更宏观的思考，而细心的人也许善于管理具体的事务……应该说，天赋没有绝对的好坏，不同的天赋在不同的环境当中，都可能产生独特的"化学反应"，社会需要尽善尽美或样样精通的人，更需要能在专业领域出类拔萃的人。所以你大可不必为自己的某种性格或者品质而感到难过，因为它们总会有用武之地。

千万不要以为天赋可以随意改变，人才可以随意培养，特别是一个人内在的性格和品质。当他成年后，如想改变则需要再次长期浸润在某种环境中长达数年才会有变化。但是，人一旦成年，进入社会与职场后，所展现的只会是既成的性格和品质。迅疾的现代生活无法为任何人再次提供一个从幼年到成年的品行养成期。

因此，在如今的公司管理中，我从来不奢求去改变别人的天赋，什么样的人适合做什么样的事，什么样的品质适合担任什么样的岗位，这都是由其天赋和成长背景注定，而不是由能力决定的。比如，在对公司高管的选择上，我宁愿任用那些愚钝但忠诚的人，也不会任用一个有能力但生性狡诈的人，很多人的品性是不以你对他的培养而改变的。

找到自己的天赋非常重要，其实我们适合做什么，不适合做什么，很多时候，是由我们的天赋及成长环境决定的。没有对天赋的正确认知，就不能找到自己擅长的领域。正确地认知天赋，适当地向天赋妥协，都是一种智慧。不是所有的事都适合我们去做，也不是所有的努力都有回报，沿着自己的天赋去做事，才会事半功倍。

强者独行

真正的强者往往都是不被理解的，也不必渴望被理解。

事实证明，强者都是孤独的。要过 99% 的人都奢望的生活，就必须承受 1% 的人的孤独和偏执。也正是因为你和绝大部分人不一样，才导致了不同的财富结果。

人类的财富掌握在 1% 的人手中，而决定这 1% 的因素，除了出身以外，最重要的就是认知。不同的认知导致了不同的人生轨迹，不同的认知也导致了不同的财富结果，这 1% 的认知和其余 99% 的认知往往存在极大的差异，甚至可能完全对立。

想象一下，你是否也认为你的老板是一个令人讨厌的人？他是否过于关注细节而害你经常加班？他是否让你做过很不靠谱的项目？是否逼迫你去执行他那些不合理的想法？是否凌晨还会突然冒出来和你沟通？

如果这一切都成立，那么你似乎已经站在你老板的对立面了。然而，你的老板真的没有你聪明吗？他真的不知道你的想法吗？可能并非这样，只是你们角色不同，天然对立罢了。你有没有想过，为什么他可以成为老板，而你只能为他工作呢？有没有一种可能是，你没有老板思维？

拥有老板思维，并不代表你应该对老板言听计从，因为很多老板的想法本身也是错的。但你应该尝试以老板的视角去揣摩他的行为和动机，站在强者的角度去思考问题。或许当你也成为一个令人不解的工作狂时，你才真正触碰到了强者的思维，并且体会到那些不被人理解的行为。

强者总是和人性抗争，在他人懒惰时勤奋工作，在他人懈怠时乘胜追击，在他人聚会时远离人群，在他人从众时独立思考。强者注定是不被大部分人理解的，极少数的强者拥有着极少数的认知，掌握着极少数的财富。开跑车、住豪宅的人，总是那1%的极少数；做老板和高管的人，也总是那1%的少数。这类人群，或多或少都有一些偏执和孤独，这才使他们从人群中脱颖而出。

成功者获取巨大的成就，却忍受着常人难以忍受的孤独，他们的特立独行几乎受到所有人的嘲笑和反对。但真正的强者，并不需要在意那些质疑的声音，自证和反驳都只是弱者的表现。

马云最初也不被世人理解，跑遍了许多部门都得不到支持。马斯克的SpaceX（太空探索技术公司）也受到全世界嘲笑，甚至连自己的偶像也不认同。可真正的强者，敢于逆着世界前行，敢于发出和人潮不同的声音。只有敢于和常人不同，才可以直面真理，成就伟大。

我曾经跟大家说，当一个项目被大部分人反对时，说明值得做；可当一个项目被大多数人看好时，那这个项目多多少少都有些问题。大部分人都看得明白的事情，早就已经成为一片红海了。只有那些思维超前、想法奇特、难以实践的创业项目，才能筛选出真正顶尖的创业者。

记住，做一个真正的强者，无须让所有人都理解你，真正的强者总是特立独行，彪悍的人生不需要解释。

强者的"自负"

我们通常把"自负"理解为贬义词，意指对自己过于自信，甚至忽略了自身的条件。

而我今天要讲的是，我们都缺乏这样一种"自负"精神，就是坚定不移地相信自己，甚至坚信那些遥不可及的梦想。或许这是一种较为极端的英雄主义，但也是强者所必备的素养。

真正的自信，是不以外界的质疑而动摇的，而且无条件相信自己可以做到，即使会有些"不自量力"，但敢于做梦，仍然是值得鼓励的。在美国，很多孩子都接受这种自信文化的教育，父母几乎不会阻碍孩子的梦想，甚至帮助孩子去实现那些看起来不切实际的愿望。

我们看到，美国诞生了类似马斯克这样的超级创业者，他以非凡的创新能力和颠覆式的创造力，成为这个星球上最能"折腾"

的企业家，也成了世界首富和现实中的"钢铁侠"。但是，马斯克也曾面对非常多的失败和挫折。他的可回收火箭屡次在发射中爆炸，被人们嘲笑是最昂贵的"烟花"，每次的爆炸都要浪费掉几千万美元。连他的偶像、登月英雄阿姆斯特朗也公开质疑过他的想法，因为人类历史上从来就没有诞生过可以回收的火箭，这样的思想放在全世界，都是天方夜谭，让人难以置信的。

然而，就是这种极度的自信，甚至可以说是"自负"，推动了马斯克一次又一次的坚持。凭什么人类没有做过的事情，我们就不能做？凭什么能源可以回收，而火箭就不能回收？在一次次的爆炸和打击下，他终于实现了火箭的回收。这一突破，直接将人类的航天技术推向了新的高点，从此也大大降低了航天试验的成本，为人类探索跨星系的文明打下了基础。

可以说，马斯克用自己的坚持和整个科学界抗衡着。对于一个航空领域的探索者来说，这得需要多么大的勇气和信心！回望历程，马斯克一场场"自负"的"烟花秀"也都成了历史画卷。

大部分人都是平凡的，我们从出生开始，都是渺小的存在。所以，我们对事物的认知大多源于我们身边的人，如你的父母、老师、同学等。所以，身处这些再普通不过的人群当中，我们很难从他们身上获取具有突破性的思维和颠覆式的认知。因此，我们如果对创新工作缺乏正确认识基础上的自信，仅仅具有盲目自信——"自负"，那么势必会导致创新工作的失败。

一个拥有远大抱负的人，就应该具备无比自信的气场。想象一下，你如果想成为一名年轻的企业家，那应该怎样做？虽然人生无常，但这里面一定有可以规划的路径。首先你需要尽可能地考上一所不错的大学，然后在顶尖学府中掌握扎实的技术、知识和人脉。同时，你需要在大学时就思考如何创业，也需要从创业之初就考虑公司应该如何做大做强，实现企业化经营。当然，并不是你做出了这些努力，就一定可以成为年轻的企业家。但那又怎样？即便你没有达成目标，但你已经考上了不错的大学，收获了创业的经验，等等。这些都比你没有愿望、畏首畏尾、庸庸碌碌地过完一生强。

美国总统特朗普也是一个例子，他被人们冠以"疯狂"的名号，总是做出奇怪且夸张的举动。但这些行为不仅带来了舆论，也带来了无与伦比的影响力。"没有人这么做过，他是最奇葩的总统！"人们似乎这样评价他。

但无论如何，我们都不能否认，特朗普是一个极其成功的人。他不仅在年轻时就缔造了一座商业帝国，还创造了巨大的影响力。他"自负"地用自己的名字命名旗下的产业，包括大厦、赌场、航空公司、传媒集团，所有与自己有关的产业，都被打上了鲜明的"特朗普"标签。其实，这既是他自信的表现，也是他精明的商业策略。因为更大的影响力，带来了更多的收益；更强的个人标签，带来了更多的关注度。既让他获得了商业上的成功，也赢得了政治上的选票，直至最后成为美国总统。始终自信且"自负"地做自己，让他走上了人生巅峰。

因此，强者在别人眼中的"自负"其实是自信。强者具有积极的自我认知，不相信别人认为不可能做到的事都是难以达成的。即使真的没有做到，那又怎样？敢想敢做，也是值得尊敬的。这个世界上，唯一大过宇宙的，只有人类的想象力。

接触有能量的人

我在成长和创业的路上遇到很多人，从早期的投资人，到公司的合伙人，以及我曾投资过的很多创业者等，与他们的相遇，使我即便年纪尚轻，倒也算得上阅人无数了。投资和创业让我对人性有了较为全面的认识。投资的本质就是在"识人"和"投人"，我们经常说，投资就是投人，就是这个意思。尤其是在早期的投资活动中，由于公司处在初期的起步阶段，我们很难获取到丰富的经营数据，很多时候都是基于对创始人的了解和信任。所以，和人接触是我非常重要的工作之一。我总是会抽出大量的时间来与人交流，感受和学习他人身上的能力和气质。

常言道，人上一百，形形色色。对我们来说，一生中要遇到很多人，事业的合伙人、朋友，抑或伴侣等。人来人往，实为生命的常态。但实际上，我们很难从复杂的人群中找到社交的"统一性"，因为人性太复杂，人的能力模型也太复杂。我们到底应该接触什么样的人？什么样的能力又值得我们学习和追求？我在与大量的人接触后，给自己设定了一个标准：一定要接触"有能量"的人。

什么是能量？在我看来，能量和能力是有区别的。在生活中，我们讲得最多的就是能力这个词，从小到大，我们都在提升能力和掌握能力。因为能力是容易被大家看见的，如演讲能力、表达能力、谈判能力，以及管理和组织能力。

无论是身处校园还是职场，小到一个公司，大到一座城市，有能力的人实在太多了。但事实上，虽然优秀的人很多，却并不一定都值得结交。我们每天都会接触不同的人，留下许多名片，可保持联络的却寥寥无几。并且，光看一个人的能力，并不能看出一个人的格局和胸怀、作风和品质。但当我们把能力进行升华，再结合一个人的品质、资源和志向，便能从更高的维度去感受他的"能量"。

可以说，能量是一种气质、修为、磁场。一个有能量的人，应该是一个具备感染力和影响力，值得信任和托付，同时具有远大格局和胸怀的人。能量并不是由几张证书或者几段履历就可以证明的，而是要经过高光和低谷、辉煌与绝境的反复检验。

有能量的人，会产生一种天然的磁场，让你对他产生欣赏和信任。他们在人群中有鲜明的特质，对团队有着强大的领导力和感染力，同时目光如炬，拥有宏大的理想和坚强的意志。有句话说得好："看一个人，不是看他拥有什么，而是看他前进的方向。"有能量的人，往往能够带给人乐观和憧憬而非消极的抱怨。有能量的人，其谈吐和形象也是积极而阳光的。我们经常形容一个人"气宇轩昂"，大概就是这个意思。

一个人散发的气场是无法掩盖的，就像我们说"腹有诗书气自华"，是同一个道理。当然，寻找有能量的人，并不是去观察别人的外在，而是要从交谈和行为中洞察他的内在。小到言谈举止，大到对事物的判断，以及对周围人的影响，都可以感受一个人的能量。比如，一个创业者在绝境中仍能初心不改，孤注一掷，就是一种能量。再如，我见到一些创业者，他们展现出心潮澎湃的情绪和对未来的坚定信念，甚至可以带动员工与企业共同进退，也是一种巨大的能量，这种感染力是非常稀缺的品质。

有能量的人，带领有能力的人。能量是一种气质、磁场，也是一种品质。有的人无比聪明，却并不专注，他的能量必定是缺失的；有的人看似愚钝，却有大智慧，虽短暂地收敛锋芒，但能长期立于不败之地。大家都看过华为创始人任正非先生的讲话，任正非先生并非口若悬河，却给人一种踏实、自信和正直的感觉，同时让消费者为这份情怀所感动，这就是能量。这样的人，即便一言不发，也会形成强大的人格魅力，这就是一个人的能量场吧。

和有能量的人交朋友，是我交友的重要信条。而我们在接近正能量的同时，要远离负能量，如抱怨、悲观、巧言令色和阳奉阴违。负能量会消耗你的精神，影响你的状态，降低你的成功概率。在创业初期，我也经常会遇到各种负能量的人，如顽固不化、墨守成规，或是挑拨离间、消极怠工的人。这样的人即便拥有再大的能力，也会成为你发展的阻力，负能量越大，危害越大。

有能量的人，是可遇而不可求的；如果遇见了，一定要珍惜这样的朋友和伙伴，这也是我对你诚挚的建议。要知道，一个人的能力是显而易见的；而一个人的能量，则是需要我们去感受和吸收的。

■ 创业，顺势而为

雷军说，顺势而为很重要，站在风口上的猪也会飞起来。我也非常认同。我自己是一个"风口"青年，总是追着风口跑，尽管有人说我不专注，但我总是可以在风口上拿到我想要的结果。我想跟大家谈谈我的理解。

我时常回望过去，去总结和归纳：我们都遇到过什么样的机会？不同的机会又造就了什么样的人？

从时间的维度来看，不同的时代造就了不同的势能。比如，30 年前的房地产，20 年前的 PC 互联网，10 年前的移动互联网，今天的个人 IP 等。面向未来，我们也已经开始畅想人工智能和大数据了。

30 年前正值改革开放初期，土地是非常巨大的资源，房地产可以最大限度地盘活经济，体量也最大。于是房地产造就了最初的一批民营企业家，如万科集团、万通地产、碧桂园集团、万达集团、宝能集团，都是从那个时代崛起的。

时间来到 20 年前，随着个人电脑的普及，因特网的接入，中国的信息高速路已经开始腾飞，我们开始全面进入互联网时代，一大批互联网企业应运而生。新浪、搜狐、百度、阿里巴巴、腾讯、携程等数不胜数的互联网公司如雨后春笋般生长，并且长成了参天大树，塑造了中国互联网企业的雏形。它们不仅成了中国互联网产业的先驱和基石，而且通过广泛的平台服务，为新一代创业者带来了许多创业机会。很多人开始在淘宝网上经营自己的店铺，并售卖产品。

再到 10 年前，随着 4G 网络的搭建和普及，以及 iPhone 手机生态的逐渐成熟，移动互联网成了时代的最大趋势。终端设备的转移是历史性的，从电脑到手机，这让整个互联网平移到了一个新的世界。随之也诞生了一批崭新的互联网新贵——微信、滴滴、陌陌、美团等一批以调用手机性能为驱动的移动互联网公司开始迅猛生长。同时，随着全球股市的扩张热潮，这批新兴的移动互联网公司开始赴美上市，并成就了巨大的市值。我曾开玩笑地说过，那个时代，你开发一款手机上的电筒都能影响世界。

再看今天，最近两年随着抖音的爆火，个人 IP 的打造变得相对容易，同时，5G 网络的发展，让手机的容量和分辨率变得更加强大，移动支付的便利让网络付费更加轻松。我们每个人都可以打造精致的内容进行变现，以前需要一个团队做的事，现在只需一两个人就能做得很好；以前需要电视台来录制的节目，现在只需要一部手机，随时随地就可以录好。大家也都看到，这两年诞生了不少"网红"，都赚得盆满钵满。

今天我们谈论未来，毫无疑问是人工智能、VR、大数据、新能源、生物工程这些超前的概念，我也坚定地相信在未来几年中，整个市场的热度都会集中在这些未来产业。因为有一天它们也会变成过去式，世界大势，浩浩荡荡，奔涌向前，今天我们已经可以看到 ChatGPT、Apple VisionPro 这样颠覆性产品的问世，这必将给全球的开发者和创业者带来全新的机会，大家又可以回到"去 App Store 上开发手电筒"的时代，创造可以影响世界的新应用，VR（虚拟现实）也是崭新的，头戴式设备还尚未普及，设想一下，当 VR 的普及程度达到手机的比例，这又将是一个多么疯狂的世界！

当然，这些都还是从最近几十年来看，相对微观一些。也可以看得更加宏观，如工业革命、时代变革，甚至全球变化；再如技术的变革，如蒸汽机的发明、内燃机的发明、电灯的发明，甚至人类登月、社会变更等。在微观和宏观的变化之中，对人的影响依旧是有巨大差距的。在微观趋势中的人创造行业和影响行业，或者定义行业；在宏观趋势中的人创造和改变世界，甚至定义世界。

能抓住微观的趋势，你将可能成为引领行业的创业者。如果你能看到宏观趋势，你将有可能成为历史级别的创业者。

但是，势能也是可遇而不可求的，我们每个人都太渺小，只能做好当下手头的工作，适当地展望，静静地等待。这个世界有太多的客观因素不以我们的主观意志为转移，如世界气候变化、战争的发生、医疗的进步、外星文明的研究、宇宙的变幻等，这些都是宏观趋势。每一个宏观趋势的来临都是影响巨大的，但这毕竟可遇不可求，我们能做的，就是做好当下的自己。可对于微观趋势，我们一定要尽力而为。因为行业的进步、城市的发展，我们每个人都是可以感知到的。比如，从前大家都去北上广发展，现在国家提出了发展"成渝双城经济圈"，西部城市就蕴藏了很大的机会。再如，人工智能和虚拟现实正在蓬勃发展，所有行业都可以被人工智能改造一遍，我们也可以提前布局。又如，新能源汽车一定会取代燃油车而全面普及，这只是时间问题，全新的绿色出行时代也充满无限商机。抓住微观趋势，是我们每个人都可以尽力去做到的。

▟ 财富，冲上云霄

我信仰财富的增长应该遵循"幂次法则"，也就是抓住某一次机会，成几何倍数增长，这才是财富的真相和奥秘。

很多人认为，赚钱应该脚踏实地地做"加法"，今年挣 5 万元，明年挣 8 万元，后年挣 10 万元。这样的逻辑虽然看起来谨慎，但实际上有很多问题。首先，人生并不能始终做加法。大部分人都天真地认为自己会一天比一天好，可以日积月累，但实际上这是很难的，也几乎是个伪命题。这就好比我们每天都盼望股市上涨一样。事实上，一只股票上涨的时间可能也就占到 30%，其余大部分时间都在下跌或者横盘。人生并不是简单的数学题，也并非一部英雄主义的电影。"一天更比一天好"，固然是人们美好的憧憬，但实际情况却是——人生像天气一样，时而好，时而坏，今天好，明天坏，后天更是难以预测。如果按照宇宙的熵增定律，未来甚至会越来越差。所以，"一步一个台阶"地向上走，固然是一种很好的愿景，但不一定可以实现。或许"不积跬步，无以至千里"的前提是，路上没有坑，或者不碰上悬崖。

事实上，很多问题都是我们个人所无法解决的，如地缘关系、贸易阻力、金融危机等。人生如果简单地做加法，很容易碰到"负数"。不是每天吃一粒钙片，我们就不会得关节病；也不是每天练一块肌肉，我们就能成为大力水手；更不是每年挣 10 万元，就会在 10 年后成为百万富翁。事实上，人生充满大量的不确定性，这才是真相。

我曾经在视频中说过，为什么人生应该冲上云霄，应该设法"坐上火箭"。

我们来算一笔账。一个人真正能够工作的时间，大概也就 30 年。在这 30 年当中，除去全球性的不确定性因素，如疾病、战争、经济环境、科技变革等，你可以在"温室"中创业的时间也就是 10 年。在这 10 年中，你能撞到某一个时代机会或者平台崛起的时间，大概也就 3 年。比如，电商的崛起，"微商"的兴盛，包括如今短视频的出现，红利期大致都不会超过 3 年。而在这仅存的 3 年里，你实实在在去参与了，并且真金白银去投入的时间，几乎不到 1 年。很多人对待创业都是三心二意，浅尝辄止，这也十分正常。最后，这 1 年的参与当中，真正让你成功的时间节点可能不超过 3 个月，比如一只股票的几何倍数上涨，一个短视频的现象级走红，一款产品的爆发式售卖，想象一下，是不是这样？如此来看，在我们长达几十年的奋斗时光中，那个可以让你的人生实现跨越和攀升的"节点"，可以说转瞬即逝。依靠做加法，是非常难以捕捉这样的瞬间的。

事实上，"开挂的人生"，应该抓住一切可以抓住的机会，在有限的时间里将结果最大化，高效地完成自己的原始积累，实现快速蜕变。我们并没有取之不竭的机遇和红利，机会转瞬即逝！回头想想，10 年前的电商机遇，20 年前的房地产机遇，我们真的还能遇见吗？或者说，我们真的还能在年轻的时候遇见吗？现实是非常骨感的。事实上，大部分人都遇不到太多绝佳的机会，即便有，也仅限于一两次，但它却极可能是那个"逆天改命"的瞬间，只是很多人并未察觉或者珍惜，总以为"机会是留给有准备的人"，只要时刻做好准备，就一定会有机会。但现实却是，即便你时刻做好准备，机会也并不一定站在你这边。

我们知道的很多大佬和企业家，其实都是在消耗自己某一次成功的财富。比如，日本的软银集团是全球最大的财团之一，也是世界上最大规模的风险投资机构之一，管理着数千亿美元的财富。最为知名的是，它成功投资了阿里巴巴和马云。直到现在，无论其管理的财富规模有多庞大，无论其投资了多少成功的独角兽企业，也很难再现当年投资阿里巴巴所带来的巨量回报，他们以总共不超过 1 亿美元的投资，换取了超过 1000 亿美元的回报，可以称作人类投资史上的奇迹。后来，软银也尝试投资了 Uber 创始人的其他创业项目，还曾投资共享办公品牌 WeWork，但都回报甚微，阿里巴巴的成功仍旧是不可复制的。

我曾经说过，人无法总是成功，大部分的人，往往都是因为一两次的成功而获得了巨大的结果。一两次卓越的成功已经够了，大部分企业家都只有一两次成功，他们或许再也创造不出第二家如此成功的企业，因为时代只给一次机会，每一次巨大的成功，都脱离不了宏大的时代背景。这就好比，今天的年轻人很难再去缔造一个碧桂园或者万达集团，因为房地产企业也是时代的产物，依托于特殊的时代背景。再如，大部分运动员也只有一两次成功，很多运动员都只有一次高光时刻、一块金牌；很多篮球明星或者足球巨星，也都只有一两个赛季的高光表现，而后就会因为合同或者伤病，淹没在时代的浪潮中。还有，大部分歌手也只有一两次成功，不是吗？很多歌手一辈子也就一首成名曲，而这也已经相当了不起了。能有一两个作品被大家记住，并且唱上一辈子，已经是大部分音乐人的梦想，能"火"一次就够了。但事实是，许多音乐人都淹没在了时代的浪潮之中，即便那些天赋异禀的音乐家，也很少被人们记住。

"冲上云霄"很重要，"坐上火箭"很重要，抓住有限的机会，迅速爬升，是我们的人生实现跨越和攀升的重要途径。一定要抓住那些转瞬即逝的机会，一定要选择那些拥有巨大发展潜力和增长空间的行业。我经常听一些商业报告说，某某行业今年增长10%，或者20%，大家似乎觉得很好，因为这是一种稳健增长。从行业的角度来看，这确实不错，说明行业正在健康发展。但实际上，我认为这样的增长几乎和你没什么关系，除非你拥有巨量的资金，否则渺小的你，会被淹没在这样缓和的增长中。我认为你更应该去追逐那些有巨大潜力，甚至呈几何倍数增长的行业，在巨大的洪流当中，乘着时代的风，顺势漂流，这样才有可能让你的人生"冲上云霄"。

跨维竞争，降维打击

在科幻小说《三体》中，作者刘慈欣提出了"降维打击"的概念。这个概念是指通过将攻击目标所处的空间维度降低，使其无法在低维度空间中生存，从而实现对目标的毁灭性打击。这个概念在科幻作品中被广泛应用，但在现实生活中，我们也可以看到一些类似的现象。

竞争就是如此，它几乎嵌入生活和事业的方方面面，使无数人不自觉地"内卷"，消磨着各行各业的利润。竞争带来无穷无尽的对抗和挣扎，大量的企业倒在竞争面前，人们也纷纷对竞争感到恐慌。

在我的职业生涯中，"避免同维，升维竞争，降维打击"一直是我的十二字成长秘诀。即面对竞争，应该尽量忽视那些同等层级的对手，避免"同维"竞争，且直接跨度到比对手更高的层级进行追逐和对标，最后用更高维度的优势来打击现有的同级竞争对手。当我们面临竞争时，你不能把他当成靶子摆在那儿，这是不行的，这样的竞争结果是你在跑，他也在跑，你们的距离是不会缩短的，如果他的能力本身就强于你，你们的距离只会越来越大。在竞争中，我反对过多地关注同等维度的对手，或者以同等维度的对手作为标靶，这样做只会让自己产生大量的内耗。要知道，你的对手也并不是完美的，甚至也并非"高级"的，他只是恰巧出现在了你的面前，才与你形成了竞争。但实际上，他并不一定有资格成为你的模仿或赶超对象，直接超越他的高度，去看上面的风景，才是你更好的选择。

我平时也听到很多人问我：恒哥，你跟谁比怎么样？你和谁比谁更强？可我从来不把别人当靶子，我根本不关心谁比我强，有的人或许现在做得比我好，可我从来就没有把他当过目标。我总是对准他上面那个维度的人打，谁比我领先百分之二三十，那叫有点优势，并不叫"遥遥领先"，也并不代表他就比我好多少。而我要做的，是认准更高的维度去攀升，直至"冲上云霄"，以1万米高空的姿态来打5000米。

如果想要真正地腾飞，我们应该思考，如何用升维的逻辑，让竞争的高度攀升到10000米去，而不是去思考怎么飞2000米，怎么飞 3000 米。飞机从设计的第一天起，就是直奔万米高空，从来没有想过和鸟类比高低；而火箭从设计的第一天起，就不是去和飞机比，它的使命是冲出大气层，奔向星辰宇宙。目标的设定很重要，当我们看到鸟类飞过头顶，我们就不要希望去成为"鸟类"，而要去造飞机；当我们希望超越飞机的高度，我们就不要去造飞机，而是要去造火箭。20 世纪 60 年代，当全世界都还在初代飞行器的研发中内卷时，美国已经实现登月了，这无疑是对全球航空航天领域的一次"升维竞争"和"降维打击"。因为所有人都明白，当美国已经具备了登陆月球的能力，谁还敢轻易叫板美国空军呢？永远用高维打低维的策略来竞争，才能创造最好的突破。

Facebook 的早期投资人彼得·蒂尔写过一本书叫《从 0 到 1：开启商业与未来的秘密》，书中他直言不讳地道出了竞争的低效，"竞争可以抵消一切利润"。这就是事实的真相，世界上大部分的生意为什么到最后都会造成薄利多销的现象，或者凭借微薄的利润活着，这就是竞争导致的结果，竞争的残酷就像漫灌的海水，海水会淹没到每一个创业者的脖子以上，却又留出一点空间给你呼吸，让大量的公司艰难地活着。摆脱竞争的唯一方法，就是不断突破自己的上限，不断拉高自己的竞争维度，让海水追不上你成长的速度。

举个例子，全世界研究了 10 年的 3G、4G、5G 网络，以为这可以使我们的通信能力站上新的高度，但马斯克 10 年前就在造星链。他从第一天起就知道，飞到万米高空来创新，你们在地上造通信基站，我就飞到太空去造星链，这不是一个维度的竞争，这是降维打击。我有句话说，抬头看世界，低头做自己，就是这个道理。这个世界确实很精彩，有很多比我们更优秀的人，但这并不重要。你只需要朝着"头部"去努力，朝着地球的"决赛圈"去竞争，你才能真正摆脱"竞争"，从而一骑绝尘。把那些原本就普通的对手当成目标，只会耽误我们眺望远方。记住，如果前方有一个竞争对手，那我们可以越过他，向着比其更高的目标进发，从而实现降维打击。我始终相信，宁做凤尾，不做鸡头。制定目标很重要，目标错位，会拉低你的效率。

我们玩游戏也会有这样的感觉。当你还在"新手村"打怪时，你会感觉这些怪物非常强大，但如果这时有一个高级玩家带你去刷过一次高级的副本，等你再回到"新手村"时，你就会发现这些怪物都是小趴菜了。其实，现实世界也是这样，世界本来没有变，我们去过哪里，看过什么样的世界，跟什么样的人对标，这是非常重要的。

我在创业时也有这种感悟，我经常说，做点大事，就是这个意思。我们每个人的精力都是有限的，事业的成功率也都是极低的。做一百件事能有一两件成功，已经相当了不起。无论是做一件大事，还是做一件小事，其实都不容易。我经常举一个例子，"如果让我去经营一家烧烤店，我可能未必会成功，但如果让我去募集 1000 万美元，也许我是擅长的"。做好一家烧烤店和做好一家私募基金，都是不容易的，在各自的领域都有着不同的难度和不同的挑战。但做好一家私募基金，明显是比一家烧烤店更宏大的事情。我表达的意思是单从体量上来讲，并非将二者的意义作比较。如果你是一个精明的商人，而非一个烧烤爱好者，或者一个餐饮行业老兵，你从创业之初就应该思考如何做更宏大的事情，在花同样的时间、同样的精力之下，你更有可能缔造伟大的事业。

理想汽车的创始人李想，是一位知名的连续创业者。在互联网的浪潮下成功创办了多家了不起的公司，从泡泡网到汽车之家 App，再到如今的理想汽车，我们可以清晰地看到，李想一直在做升维的事，从他创办的企业规模就能看出来，他的"战场"是越来越大的，打的仗也越来越大。泡泡网的价值也许是几千万美金，而汽车之家已经是几亿美金到几十亿美金的企业了。当然，今天的理想汽车更是市值高达两千亿的造车新势力，也跻身于国民级的头部大公司之列。然而，在李想的创业过程中，其实遇到过很多竞争，关于汽车的门户网站以及网红博主也是层出不穷。抖音、微博、小红书的崛起，更是将内容细分得无比琐碎。而李想并没有"恋战"，他选择造车，去更大体量的赛道，去更高维度的产业创业。如果一直深耕汽车内容的门户网站，今天的李想一定已被时代淘汰。显然，门户网站已经成为过去，独立的APP也在抖音、小红书等现象级平台面前没有了生存能力。抖音甚至推出了自己的汽车软件——懂车帝，如果李想不懂得"升维"，他一定面临被巨头"吊打"的局面。相反，李想做出了正确的选择，今天的理想汽车，市值已经高达两千多亿元人民币，而微博等老一代的内容分发平台，市值仅存一百多亿元人民币。

同样的例子，还有UC浏览器的创始人何小鹏。当年，UC浏览器被阿里巴巴以43.5亿美元收购，创始人何小鹏也赚得盆满钵满离场。如何选择接下来的创业赛道，成了何小鹏思考的问题。如果按照UC浏览器的创业经验，或者对既有团队来说，何小鹏最应该做的也许是跟浏览器有关的事情，如游戏、网文、网剧、新闻等，但何小鹏选择了创办小鹏汽车。今天，我们已经看到小鹏汽车成了一家价值不菲的互联网造车企业，和蔚来、理想一并被称为"新势力造车三巨头"。与何小鹏同时代的浏览器创业者其实是很多的，当年的浏览器江湖曾有众多的竞争者，如傲游浏

览器、Opera 浏览器、360 浏览器等，但当我们今天再来回望这个
行业，却发现只有何小鹏脱离了竞争，成就了更加伟大的事业，
多数浏览器公司并没有缔造出更有价值的商业模式。卖掉 UC 浏
览器，创办小鹏汽车，是何小鹏的一次关键的"升维"，如果他
继续将自己消耗在浏览器的战场里，即使能保持自己的战略不出
问题，也会被时代淘汰。因为今天，随着抖音之类的智能信息分
发平台崛起，浏览器已经越来越边缘化，我们主动搜索信息的场
景越来越少，而被信息找到的概率越来越高。

　　最近在"车圈"大火的还有雷军。雷军经历了最为完整的互
联网创业周期，是中国教父级的创业者和投资人。从 PC 互联网
到移动互联网，再到小米手机，最后到今天的小米汽车，我们能
完整地看到雷军在自己的创业路上一次次升维和跨维。很多人问
我，雷军为什么要选择做汽车？我的答案很简单——跨维竞争。
一方面，苹果手机领跑全球的局面几乎已经不可撼动，苹果的技
术、安全性，以及软件生态和品牌影响力，绝对都是远远高于小
米的；另一方面，OPPO 和 Vivo 在下沉市场牢牢地占据着主导地
位，铺天盖地的明星代言和线下活动让 OPPO 和 Vivo 在中低端市
场立于不败之地。从最近几年的市场表现来看，小米手机和华为
手机过得并不容易。可华为明显是有底气的，强大的技术积累以

及 B 端综合性业务，一直为华为带来强大的现金流。那小米呢？它面临一个非常艰难的选择。如果继续在手机市场内卷，上打不过苹果，下面临 OPPO 和 Vivo，如果走中端路线，又不符合米粉对于高性价比的期待。这时候，雷军选择了造车，为企业和品牌作出了一次"升维"的选择。一方面，造车可以给小米集团带来全新的概念，给股民全新的期待，提振小米公司的股价；另一方面，造车能为小米品牌注入全新的活力，带来巨大的流量和热度，唤醒老一代"米粉"的同时，又带来了新一代的"米粉"和"雷粉"，反倒拉升了小米手机的销量。我本人也是被雷军造车感动，果断购买了一大批小米产品，从小米平板到小米音箱、小米投影仪，都买了。可以说，造车这个举动，为小米带来了全新的意义。以前，担心小米手机不好用，或者担心小米品牌有些"屌丝"的消费者，现在看到了小米造的汽车如此受欢迎，也开始大胆而自信地使用起了小米汽车。因为大家觉得，这是在消费和享受当下的热点。他们认为，购买小米的产品就是在感受雷军的创业故事。这就和大家因为喜欢马斯克而购买特斯拉汽车一样。很多人购买特斯拉，都不仅仅是因为这辆汽车，而是看到了马斯克的 SpaceX 火箭，看到了马斯克收购 Twitter，看到了马斯克的 AI 梦想。特斯拉汽车是马斯克梦想"升维"的现实体验。毕竟，我们还乘坐不了马斯克的火箭，还去不了火星，那么购买一辆特斯拉汽车，也算是支持了一下马斯克。

从科幻的层面讲，在我们生活的三维空间中，长度、宽度和高度构成了我们对物体的感知。然而，在更高维度的宇宙中，可能存在着我们无法想象的生命体和文明。这些高维生物可能拥有超越我们认知的能力，对我们的世界进行"降维打击"。高维生物利用其在科技上的优势，对低维生物的世界进行攻击和操纵，这种打击可以是物理上的，也可以是认知上的。同样，在科幻小说《三体》中，三体人就通过向地球发射"二向箔"，将太阳系从三维降为二维，从而实现了对地球的毁灭。

从另一个角度来看，"降维打击"也存在于我们的生活和工作中。它提醒我们，人与人的竞争，企业和企业的竞争，同样是双方在认知和技术上的竞争，无论是我们希望战胜别人，还是别人渴望战胜我们，都要以"降维打击"的方式做好进攻或者防御策略。

跨维竞争是一种智慧，也是一种摆脱内卷的策略。其实，很多门槛和"牢笼"都是我们给自己设定的，从来没有人限制我们去做伟大的事情，大部分的"不作为"都是因为我们不够勇敢、缺乏自信，其实摆脱"内卷"最好的方法，就是直接拉高自己的竞争维度。

我在时尚行业看到过一组数据，有调查显示，10%的顶级奢侈品，占据了整个时尚行业80%以上的利润，而所谓的高档品或者快消品，普遍面临着大量的亏损和倒闭，选择薄利多销，反而成了最大的谎言，既不能带来利润，也会让企业和品牌陷入"低维"的竞争中。时尚行业的本质大多是纺织业，即生产衣、帽、鞋、包。事实上，这些商品的生产门槛都是极低的，普通的服饰生产，不仅用料的成本低，工艺和技术的成本也普遍低廉，这就使模仿和抄袭成了行业必然的诟病。因此，了解时尚行业的朋友都知道，只有成为品牌或者大牌，才能给一家时尚公司带来真正的溢价，一味地降价、亲民或者突出实用性，并不是好的竞争策略。

我国的纺织业异常发达，江南沿海地区大大小小的纺织工厂更是数不胜数，却很少有世界级的时尚品牌，这是为什么？因为打造品牌的逻辑，并非制造和生产的逻辑，定价的策略也并非按照成本来思考。路易·威登是世界上知名的奢侈品牌之一，LVMH也是世界上体量最大的奢侈品集团，如果你了解LV的定价和营销策略，你就会发现，LV几乎从不做打折和促销。如果有一天LV也在清仓甩卖，那它一定不再是人们翘首以盼的奢侈品了。"尽量让拥有LV的人群减少"，是LV的态度。再如，爱马仕是

全世界最豪华的奢侈品牌之一，它的理念更为夸张，爱马仕从不
"讨好"任何一位顾客，也不"讨好"任何一位明星或者代言人，
甚至在它的产品上尽可能地隐藏其价值不菲的 LOGO。这和拼命
突出 LOGO 来争取产品溢价的品牌策略大相径庭。但爱马仕坚持
自己的设计和理念，低调和奢华始终贯穿这个品牌。爱马仕认为，
没有任何一位明星值得品牌为其弯腰，明星和名人可以成为其品
牌的用户，但绝非引领，换言之，只有爱马仕品牌本身才是时尚
和奢侈的最高地。这种自信的理念，以及自信带来的高昂定价，
成了爱马仕真正的品位。

　　复盘一下，如果 LV 或者爱马仕都为了吸引更多的客户，或
者清空厚重的库存，抑或蹭一时的热度和流量，而投放大范围的
广告或制定更低的价格，那它们的结局一定是失败的，它们的品
牌也会淹没在大众市场中。曾几何时，快时尚品牌 ZARA 也风光
无限，以其平价和款式多样俘获了大部分年轻客户的心，ZARA
的创始人甚至在一段时间内上升为世界首富。但随着时间的推移，
ZARA 的风光已经减去大半，因为有更多的"ZARA"来参与竞
争了，如"H&M""UR""Brandy Melville""BasementFG"等，
低价格，大卖场，多款式，在纺织业从来就不是一件难事，所以
ZARA 模式很难具有垄断性和品牌性，只能沉下来和大量的快时

尚品牌卷门店、卷价格。相反，LVMH 集团在高端奢侈品继续收割着高昂的利润，以其品牌的独特性和唯一性，占领着全球时尚行业的高地。

▪ 拒绝赌注，掌控命运

史铁生有一段话我非常喜欢，第一次看到时就极大地震撼了我。他说："如果你站在童年的位置来看未来，你会说你前途未卜，你会说你前途无量。但如果站在终点看你生命的轨迹，你就只会看到一条路，一条命运之路。只有不知道命运是什么，才知道什么是命运，很多人口中说的看不到未来，其实是看到了未来，因为人生唯一确定的就是不确定的人生，所以大胆去做你想做的任何事。"

当我回望童年时，我也总会想，我的路是怎样的？我将去哪里？我可以把生命活成什么样？我能缔造怎样的事业？这些问题都像是浩瀚宇宙中的星辰，彻夜闪耀，但不曾给我答案。我也总在想，我的命运会是怎样的，是世间尘埃，还是天边繁星？就像史铁生说的那样，既前途未卜，也前途无量。

很多粉丝问我，相不相信命运？我是一个百分百"信命"的人。我相信人的出身是不公平的；我相信运气可以决定大部分人生；我相信全球化并不能阻止人们各自为营；我也相信自己能力有限，并非天选之子；我甚至相信，人类除了繁衍后代，很多的愿景都是徒劳的。但相信命运，却也并非随波逐流。我很喜欢罗曼·罗兰的一句话："这个世界只有一种真正的英雄主义，就是当你认清了生活的本质，却依然热爱它。"在我的道路上，尽管命运之神矗立在远峰，她张开双臂，遮蔽了我的光和雨露，尽管她使我的路充满波折和崎岖，尽管我出身平庸，或者举步维艰，但我仍和她打了个平手。我并非用我的天赋来取代努力，而是用努力证明着我的天赋。

随着年龄的增长，事业的成功，尤其是当我看到了史铁生的那段话，我才越来越明白，尽管命运会决定一个人的主旋律，但在人生的道路上，并不是我们偶遇了命运，而是我们牵引着命运，在不确定的人生中，确定且肯定地做着自己。

我很不喜欢"赌注"这个词，很多人把人生和创业都交给了命运，认为命运是一个巨大的赌场，而我们都在这个赌场中下注，我是不赞同的。尽管命运和人生都是不确定的，但时间和精力的分配却是我们可以左右的。如何选择自己的路，如何在时代的浪潮中找到位置,如何在正确的时间做正确的事,都取决于我们自己。

相信命运,人生唯一确定的,就是不确定的人生。没有人可以成为全能的预言家,也只有一种方法可以预见我们的未来,就是付诸行动于当下,用脚去丈量远方。

■ 远离危墙，守正出奇

走过的路和见过的事越多，就越能明白"守正"的重要性。

我经常会在直播间听到粉丝发问：能不能搞偏门？能不能做灰色产业？我都统一回复：不能。越是做得大，越是看得多，我越是坚信这一点。

起初，我也曾那样想过，如何能赚到快钱，如何能靠搞偏门走捷径。但随着我的事业版图越来越开阔，手中握有的资金越来越多，一个个成功的结果告诉我，人应该走正道、做正事、行正步，才能把事业真正做大做强，并且不让自己处于危险的境地。实际上，我也看过不少人因为触碰了游戏规则的底线，落得满盘皆输，甚至失去了自由。

在我创业初期，也曾有无数机会摆在我面前，或投机取巧，或剑走偏锋。坦率地说，我也心动过，也曾暗想，能否抱着侥幸心理"捞一笔"走人，但每次又都被我断然否决。也许这也是冥冥之中的暗示，我总是以"小心驶得万年船"来要求自己，并让自己恪守法律和道德的底线，唯有如此，才能使我的事业可以始终"稳坐钓鱼台"。"谨慎"且"守正"一直是我的座右铭，正所谓"君子不立于危墙之下"，我们只能将风险置于事业的博弈中，而不能将风险置于法律的博弈中，那样做是极其愚蠢的，其代价是我们无法承受的。

投资的生意越多，我就越能感受到，事业是有诸多成本的，其中最高的成本并不可见，那就是违背游戏规则。通常来说，大部分人都不会将游戏规则计入成本，因为我们总是无比自信地认为，我们可以逃避规则，打破规则，或者越过规则，但实际上，大部分人都高估了自己的能力。我们能做的，往往只有熟悉规则和遵守规则。能够在规则中浮沉，还能有所斩获，最后平稳着陆的人，就是高手中的高手。

一个出色的将军一定懂得如何保护自己的生命，这就如同一个杰出的人总是优先考虑自己的安全界限。这个世界上，聪明反被聪明误的人太多了。正是因为聪明，往往才忘却了"守正"的重要性，因为聪明人可以找到捷径，而捷径往往可能偏离了康庄大道，让自己陷入歧途甚至不归路。

几个月前，我曾到北京拜访好友——人人网的创始人许朝军先生。人人网曾经风光一时，市值接近百亿美元。在与许总喝茶聊天时，我们也谈到了这个话题。他说，如今他每天都坚持思考、跑步、饮茶，交到的朋友，自然也是热爱思考、健身、养生的人，做"正"的事，就会结交"正"的朋友，拿到"正"的结果。这对我的启发非常大。人生总有很多陷阱和危机藏匿在各个暗道中，我们该如何避免让自己误入歧途呢？最正确的做法，就是"守正出奇"，倒推回去，为了避免产生错误的结果，我们就应该尽量避免做"不正"的事，交"不正"的朋友。

20岁出头的我已经基本实现财务自由了，那时候，我几乎过着灯红酒绿、夜夜笙歌的生活，时常在酒吧和夜店玩乐。虽然我已经有了足够的财富供自己消遣，但这样的生活，对自身的消耗和影响其实也是极大的。由于酒精作用，时而和朋友发生争执和矛盾；由于长期熬夜，影响了我的睡眠，也耽误了第二天的工作。渐渐地，我发现自己的"能量"似乎越来越低，每天都被一些负面情绪和繁杂的小事影响，除了灯红酒绿、男女之欢，似乎已经找不到快乐和意义。我果断开始寻求改变。通过对自己的约束，我发现调整的办法其实很简单，就是不再去酒吧或者夜店，而改为健身或者阅读。从行为的源头上掐断后面的结果，才能让自己回到正轨。因为我们并不能预见去什么样的场所，保持什么样的状态，遇到什么样的人，做出什么样的事，这些都是我们自己所不可控的。唯一可控的，就是不让它们发生，改变自己的生活习惯。自从开始健身和阅读以后，我就再也遇不到那些说着酒话、疯话的朋友，反而开始和身边人探讨健康和知识。慢慢地，我发现身边人的"纯净度"越来越高，一群热爱健康和知识的人，会给你带来正能量，帮助你拿到"正"的结果，无论是财富还是健康。并且与这样的朋友合作，成功的概率也会增加不少。今天，围绕在我身边的朋友大多是企业高管或创业者，他们在我的影响下，也都纷纷过上了健康的生活，我们也因此取得了更多的成就和财富，"守正"带来的价值让我感触颇深。倘若我继续沉迷于"夜生活"，一定不会有今天的成就和快乐，因为在错误的环境，只会遇到错误的人，产生错误的结果。

"守正"让我始终遵守游戏规则。

在我创业初期，曾经有过一段资金短缺的时光，公司的现金流几近中断。当时有高管提议，我们可以借助一些"灰色产业"迅速回笼资金。坦率地说，在公司的生死存亡之际，我也心动和犹豫过，但反复探讨和思虑之后，最终还是拒绝了这个建议。在当时的情况下作出这一决定，实属难得，因为我们太需要这笔资金了，但理性终究战胜了感性，我们继续坚持了原本的业务，虽然利润极低，但在付出巨大的努力和创新后，公司终究还是活了下来。后来我才得知，当时有很多公司因为做出了错误选择，而承担了巨大的法律后果，并因此赔得倾家荡产，血本无归。这一经历时刻警示着我，无论遇到怎样的机会，都应当建立在"守正"的基础上。

■ 正视风险，拥抱乐观

好的投资者，或者好的企业家，往往都是极端的乐观主义者，至少我见过的大部分都是这样，包括我本人。但我算不上极端，我是乐观中的"保守派"。

我听过很多企业家说自己是乐观主义，老实说，我从前也不是很懂这个词。

什么叫作乐观呢？是对未来充满希望，还是对困难无所畏惧？从前我并不理解这个词的真谛，只是经常听到诸如马斯克、马云这样的企业家说，好的企业家，都是乐观主义者。

直到这些年，我才慢慢有所感悟。

我所理解的乐观，是对风险的平常心，以及对创新的信心。

对风险的平常心。风险是一个企业家或者投资者无时无刻不在面对的事情，所有的收益都来自风险，所有的机会也都来自风险，我们在承担风险的同时大胆买入资产，我们在面对风险时大胆布局战略，风险就像创业伙伴一样伴随着我们。但是，每个人都是希望规避风险的。至少在我刚创业的时候，如何规避风险是我时刻都要考虑的事情。事实上，我们见过太多创业的人因为风险而焦虑、烦恼、失眠，甚至放弃生命。想一想，有多少人因为担心失败而错失机会，有多少人因为投资账户的"一夜爆仓"而"走上天台"。实际上，这都是在极大的风险当中"搏命"。

一路走来，我认为，卓越的创业者，应该对风险保持平常心，也就是与风险常伴，与风险共舞。但是多数人都会习惯性地认为风险不会来临，风险离我们很远，或者希望努力远离风险，正是这样的心态，才会在风险猝不及防降临时，因为预期不够而导致心态崩溃。而倘若我们时刻保持"迎接风险"的状态，则不会有如此的惊讶和焦虑。因为风险，是创业者的常态，也是我们人生的常态。除了创业有风险，赚钱有风险，难道健康、疾病、爱情、婚姻就没有风险吗？当然都有。一个卓越的人，应该懂得，人生处处是风险，看似没有风险的人生，往往才是最大的风险。如果你习惯了与风险共存，如果你总是准备着迎接风险，那么你就不会为生意的亏损而担忧，为情感的破裂而沮丧，为突如其来的疾病而焦虑，因为这些，才是人生真正的常态。美好而和平的生活，总是会给我们一种生活永远是风平浪静的错觉。其实风平浪静不是常态，波涛汹涌才是世界该有的样子。正因为领悟了我们本身就生活在风险之中这个道理，所以我们更要保持积极乐观的心态。

曾经有段时间，我为自己做过的一个投资项目而深感焦虑。因为项目已经投资多年却迟迟不见回报，甚至根本看不到未来，我为可能发生的投资失败和债务纠纷而惴惴不安。直到有一天，我去拜访一位行业大咖，他带给了我力量。我的这位朋友，已经管理着大约10亿美元的基金，在国内已经算是非常不错的规模，他本人也已经是行业翘楚，在我的记忆中，他总是被鲜花和掌声簇拥着，可那天我去他办公室拜访，却看到了他的狼狈样。我还未进门，就看到他正被一群来访者围着谩骂和讨伐，那一刻的他一边对所有人理性地解释着，一边赔着笑脸给大家道歉，并承诺改进。我本想过去帮其解围，可他示意我先离开。直到深夜，他给我打电话表示抱歉，并乐呵呵地告诉我，习惯了，这就是工作，然后又继续乐呵呵地工作去了。

这件事令我深受启发，原来被口诛笔伐可以是工作的一部分，原来面对围攻也只是一种常态。我豁然领悟到，大成者，原来总是和风险并存，总是可以把风险当作工作和生活的一部分。正是这样的平常心，给了一个人力量和品格。如果我们不正视风险，又如何做到审视自己？正是他人对我们的讨伐和批判，才促使我们可以成为更好的自己。就像我的那位朋友，他既可以在鲜花和掌声中侃侃而谈，又可以在讨伐和围攻中低声赔笑，这何尝不是一种能力和气魄？而能做到这一点，就是因为他把风险带入了工作。他知道，这份职业就是这样，投资就是这样，再精明的投资者，也是有赚有赔。赚了有人夸，赔了有人骂，无论怎样，都是常态，这也是这份职业的魅力所在！突然，我心中的锁就解开了，也不再为我那笔有失败风险的投资而感到焦虑，也由此明白了什么是乐观主义，就是以平常心，甚至是乐呵呵的心态，看待风险。

冒险者，不冒险

告诉你一个事实：有了足够的认知，就没有彻底的冒险。

很多人都认为，赚钱就要敢冒险，投资就要敢冒险。好像一定要赌一把大的，才有机会做成事。

但事实上，真正精明的投资者和创业者，并非完全依靠冒险取胜。成功确实需要运气，但没有成功者会把决定事业走向的罗盘彻底交给运气，而更多的是依赖于强大的认知和执行力。为什么会有那么多人认为成功需要"赌注"思维呢？因为在强大的认知下，确实会产生小众且独特的思考，而这一独特却又容易被人误解为一种"偏执"；当你足够独特时，又会被误以为纯粹的赌注和冒险。但本质却是——真理往往只掌握在少数人手中。

马云说，别人因为看见而相信，我们是因为相信而看见。很多人都是看到别人赚钱了，而去效仿和复制；看到别人投资成功了，也跟着去下注。但这种盲目的冒险并不可取，往往会成为绿油油的"韭菜"。因为从众行为本身就是一种非理性的思考。真正的成功者从不跟随他人下注，而是通过自己缜密的思考和强大的执行力树立起自己的标杆，让这个世界追随。

大家都知道，风险投资人是很赚钱的。但实际上，风险投资人是最会规避风险的。我们经常开玩笑说，风险投资反倒是低风险的投资。但玩笑的背后，却映射出一个核心逻辑——聪明的投资者总是降低和规避风险。也许你会反驳说，高风险产生高收益。但事实上，那些真正的高收益，难道就没有壁垒和护城河吗？如果没有足够安全的壁垒和护城河，那些所谓低风险的生意，又能长期维持自身的低风险吗？仔细想想你就会明白，真正的冒险者，是不会彻彻底底地去冒险的，他们总在建立安全的避风港。

如今，低风险也不一定对应着低回报了，很多低风险的创业项目，也可以带来足够高的回报，如自媒体、打造 IP、二手交易、直播电商等。

说说"打造个人 IP"。虽然我不是一个鼓吹"IP"的人，但 IP 时代的到来，确实带给大家许多机会，即便是普普通通的个人，你的能力和魅力也可以得到无限放大，为你带来机会和收入，甚至爱情、婚姻。如今已经有很多网络主播可以通过轻松地与网友互动，月入几千元到几万元，甚至年入百万元。也有许多自媒体创业者通过发布一些搞笑或有趣的视频，每月获得平台几千元的奖励。大家也许会说，几千元的收入算什么呢？的确，几千元并不是一个大的数字，可算上时间复利、劳动效率，以及账号沉淀的资产价值，你就会发现，这是一个很大的数字。每个月通过发一发视频，就获得几千元的收益，已经等同于一套百万元的房产所产生的租金收入。同时，通过和粉丝的互动，我们还能结识朋友、锻炼自己的表达能力、打发无聊的时间等。要知道房产也会有跌价的风险，但是 IP 的价值却是每天都在做加法。还有些人会通过银行利息或者理财产品去获得几千元的收入，但前提是他必须有上百万元的本金做支撑，而自媒体创业者往往都是白手起家。所以，这是一种不依靠赌注，就可以规避巨大投入风险的创业。

聪明的创业者总是带着冒险精神，却规避着风险。这种思维贯穿我的创业生涯。我是"90 后"的创业者，大家对"90 后"的印象是敢拼敢赌。事实上，我完全相反，我总是能很好地规避风险，这也是我的财富能够抵抗周期的原因。我总是慎思笃行，总是直面人性，提前预防失败，理性看待投资的回报。无论市场多么被看好，我都会提前规避风险，尽量减少自己对未知的冒险。

所以，尽管市场在不断地洗牌，但我的现金流仍旧较为充裕。

因为我极少失手，也极少高估成功的概率，我不会盲目去冒险。每一桩生意，我都在思考低投入、高回报；每一次出手都在追求平衡和理性，尽量不被冒险和感性冲昏头脑。在冒险的世界里，我可以是一个海盗船长，拿着宝剑，站在船头，指着前方的岛屿，给所有船员希望。但我也清楚地明白，我时刻准备着打包好金币和宝藏，然后跳船离开。因为我不属于任何一艘船，我只属于大海。

创业，苦苦修行

李嘉诚的办公室里放着一副对联，上联是：发上等愿，结中等缘，享下等福；下联是：择高处立，寻平处住，向宽处行。

上联的意思是，一个人要胸怀远大抱负，只求中等缘分，过普通人的生活；下联的意思是，看问题要高瞻远瞩，做人应低调处世，做事须留有余地。

据说，这副对联是清朝儒将左宗棠所作，收藏于江苏无锡梅园。李嘉诚参观后大为感慨，请书法大师重写了装裱起来挂在办公室里，作为人生信条，提醒自己谨遵而为。很多年来，我看过很多名言和金句，但一直没有找到非常令我信服和认可的，直到我看到这句话，令我印象深刻，也深信不疑，尤其是上联。

在创业的路上，"发上等愿，结中等缘，享下等福"，我的理解是：要树立远大的创业目标，结识品性忠良的创业伙伴和客户，保持创业维艰的质朴心态。

发上等愿。树立远大的创业目标是非常重要的。我非常鼓励大家"发愿",树立宏大的理想,这是我一贯的主张,也是我多次在直播中提到的。有一个远大的目标是非常重要的,甚至不要害怕目标过于遥远。我跟大家说过一句话:把目标定在星辰大海,即使不能抵达,也能着陆于群星之间。这也是我的"冲上云霄"理念中的核心观点。一个人,一个创业者,要敢于设定远大的目标和理想,这既是对自己更高的要求,也是给团队和企业更强的愿景,这非常重要。

马云创办阿里巴巴时,曾在简陋的房间里,对着阿里巴巴最早期的18位创始人说,阿里巴巴今后会成为一家上市公司,在座的所有创始人都会拥有不止一套这样的房子。尽管今天回过去看,也许会有一点点画饼的嫌疑,但毫无疑问,如果不是强大的愿景支撑着早期的阿里巴巴,那么一定不会成就今天的阿里巴巴。

也正是马云无限相信阿里巴巴的未来,相信自己一定会缔造一家伟大且影响世界的公司,才让阿里巴巴真的伟大。当然,树立远大的目标是战略上的愿景,而不代表战术上的好高骛远,大家可以设定远的理想,但每一步,仍需要脚踏实地往前走,无论是个人的目标,还是公司的目标,都需要制订细节到天、到周、到月的计划。

结中等缘。在人生和创业的路上，最重要的是要找到适合自己的伙伴，哪怕他的能力不是最强的，条件不是最好的，也要选择品格忠良的伙伴，而不是只以能力和资源去与人结交。

寻找创业的伙伴就像寻找伴侣一样，内在品质远比外在能力更重要。我们并不一定可以找到某个领域的顶级人才，但我们可以结识那些懂我们、相信我们、愿意追随我们的人，不苛求极佳的"缘分"，珍惜合适的人，叫作创业过程中的"结中等缘"。

很多粉丝问我，该如何寻找创业伙伴。我的答案是，忠诚大于一切。在我多年的创业经历中，也反复论证了这一点。有能力的人很多，但忠于你的很少。能力可以通过雇佣得来，但忠诚的品质是不可复制的。我投资了非常多的公司，也经历过许多的分歧和背叛，见过无数的高管和人才，到今天我更加坚信这一点。大家看很多大公司的传承，也都能看到这一点。王石将万科集团传承给了追随自己几十年的郁亮，张一鸣将字节头条交给了从创业之初就和自己患难与共的梁汝波，马云将阿里巴巴交给了和自己风雨同舟的蔡崇信，这些巨头企业的接班人并不一定是最懂业务、最懂技术的人，但一定是最忠于企业的人。至于各个岗位、各个部门需要什么样的人才，都是可以通过市场行为来找到的。

流水的兵，铁打的将，在创业中一定要善用"自己人"，要培养心腹人才。只有始终愿意追随你，愿意和你风雨同舟的人，才称得上是真正的创业伙伴。

享下等福。对待人生和创业，应该保持勤俭奋斗的质朴心态。很多人都向往财富，向往纸醉金迷的生活，认为企业家创造财富就是为了享尽世间的荣华富贵，追求纸醉金迷的奢侈生活。其实，这并不是那些伟大创业者的初衷，也并非最终的诉求。

冯仑有句话我很喜欢：心离钱远，钱离口袋近。硅谷有很多创业者都是技术的信仰者，而不是物质财富的信仰者。真正的创业者，更倾向于把物质财富当作自己的创业奖励，而不是创业目的。

也就是说，我们选择创造有价值的产品、有价值的平台、有价值的品牌，我们以改变人们的生活为目标，在影响用户和影响世界的同时，顺带赚钱，这样最有可能收获巨量的财富。反之，如果一个创业者死死盯着物质，凡事都以物质财富作为创业目标，他可能真的会离钱越来越远。

在我创业之初，我和团队以研发世界上最好的照片处理技术为乐趣，将海外的照片处理技术引入国内，并从用户的使用和好评中感受到了无限的兴奋和快乐。起初，这甚至不是一个商业行为，但当用户量越来越多，甚至引起那些大型互联网公司注意的时候，巨量的财富便成了世界对我们的奖励。知名社交软件 Snapchat 的创业故事也是这样。斯皮格尔创办 Snapchat 的初心并非打造一个社交帝国，而仅仅是为了帮助青少年的交流更有私密性。作为创业者，我们应该更加享受创造价值和改变世界的过程，至于物质回报，那就像是一块额外的巧克力。

同样，创业维艰也是硅谷所崇尚的创业精神。事实上，很多伟大的企业家都过着简约的生活。要注意，简约并不是贫穷，而是一种无畏得失的平常心。一个人拥有财富并不难，难的是把握和坚守，坐看财富潮起潮落，降低自己的得失欲望，不纯粹以物质来填充自己，才能让自己真正富足。娃哈哈的创始人宗庆后曾说，自己每年的开支都非常少，真正让自己始终感到富足的，是创业带来的乐趣。香港富豪李嘉诚也曾说，自己多年都保持着简单的生活习惯，而把更多的精力投入创业当中。

■ 成功，事半功倍

我见过很多非常勤奋的人，勤奋到让我感觉很惭愧，如果他们不能成功，我都会怀疑这个世界的价值体系。

我看过一个搞笑视频，是一个创业者说，因为自己不能按时早起，从而导致了自己的早餐店失败。当时我觉得非常真实，因为早起确实是一件很难的事，至少对我来说如此。但在现实中，早餐店的老板们可是拼得很。为了准备早餐，他们常常凌晨就开工了，因为天还未亮，就会有顾客来买早餐。如果凌晨才睡觉的创业者已经够勤奋了，那凌晨就起床创业的人岂不是超级劳模！每当看到那些凌晨就开工的早餐店老板，我都会认为他们是世界上最勤劳的人。

所以，在我开始做投资时，我便优先去了解早餐这个业态，看看是否有投资的价值。逻辑很简单，这个行业的创业者多么勤奋啊，他们至少应该做得不错吧？一定都能挣到钱吧？否则为什么会有人凌晨就起床工作？如果他们真的都能赚到钱，我希望我可以投资这个行业，这样的话，岂不是就有人在我睡觉的时候帮我赚钱了？于是，我带着极大的兴趣进行了行业调查。

可当我进行一番认真沟通和调研后，却失望地发现，这里面极少有成功者，或者能做出规模的公司。在早餐这个业态中，大部分创业者都是零散的经营者，很多人几乎将其做得难以糊口，做工和卫生也都不太规范。可以说，能把早餐做出规模，甚至做成品牌的，简直少之又少。这让我大为吃惊。你或许会告诉我几个你常去消费的早餐店，会销售包子、面条……但实际上，如果从专业投资角度来看，这些早餐店的业务和品牌都不太扎实。我们尝试观察了一些生意不错的早餐店，要么十年如一日地活着，没有任何扩张，要么不到几个月便倒闭了。这是为什么呢？

而当我们继续考察餐饮行业时，发现同样是餐饮品牌的烧烤、火锅或者酒吧，却做出了不少知名品牌或上市公司。他们能开数百家连锁店，在短短几年内成为价值数亿美元的餐饮巨头，这又是为什么呢？它们和早餐的区别到底在哪里？早餐店到底有什么值得改进的呢？

带着这些疑问，通过大量的数据搜集和市场调查，我们渐渐得出了以下结论。

第一，年轻人对夜生活的依赖。如今，人们的工作时间实际是向后推移的。越来越多的年轻人开始习惯早上 9 点以后工作，尤其是互联网公司。即便晚上工作到 10 点后也无所谓，这种情况在大城市尤为明显，不少年轻人都宁愿晚睡而不愿早起，所以很多年轻人放弃了早餐，而选择了夜宵。

第二，线上办公，灵活就业的趋势增强。如今，线上办公和灵活就业的人越来越多，如设计师、自媒体博主、文案编辑、线上教育以及创意工作者等，他们都不再需要早起上班，甚至尽可能地通过夜间工作来寻找灵感。随着人们的工作时间更加灵活，早晨起得更晚，很多人甚至将早餐吃成了"早午餐"，就是在接近中午的时间，将早餐和午餐一起吃。比起一日三餐，自由职业者可能会趋于更灵活地选择。比如我自己，就没有吃早餐的习惯，因为我的工作灵活性太大，对创意和灵感严重依赖，以及海外协同的复杂性，所以我必须时而早起，时而又熬夜酣睡，虽然这不是健康的方式，我也尽力地在控制和平衡自己的作息，但实在很难做到规律饮食。

第三，肥胖对于年轻人的压力。减肥是当代年轻人的一大命题，很多女生见面的第一句寒暄往往都关乎身材。但是恰好，很多传统的早餐都富含碳水，如面条、包子、馒头等，对很多跑健身房或有减肥需求的年轻人来说，这无疑是天敌。

第四，餐饮品牌的降维打击。传统意义上早餐的代表，诸如包子、豆浆等，会被更多更有吸引力的品牌食品所代替。比如，奶茶连锁"奈雪的茶"会售卖一些早餐面包，星巴克也推出了一些定位为早餐的茶点和拿铁咖啡，肯德基和麦当劳更是会直接推出早餐套餐等，这些知名的餐饮品牌不仅提供了年轻人喜欢的美食，同时通过明星代言和广告轰炸，给年轻人带来了餐饮的时尚属性和社交功能。比如，很多人去公司都会带上一杯星巴克的咖啡，之后再选择包装新颖的法式面包来展现职业身份，或者建立一种工作的仪式感，而不是拎着一杯在街边随意购买的豆浆。早餐生意开始慢慢被这些知名餐饮品牌侵蚀着，尤其是在大城市。但更为残酷的是，星巴克和肯德基或许还从来没有刻意关注过早餐生意！它们或许本来就是 24 小时经营，只是偶尔推出一些早餐时段的优惠罢了，这就是降维打击。

除此之外，也许还有别的原因，我就不展开分析了。但通过以上调研，早餐业态的状况已经和我们的最初设想大相径庭。通过这些案例，我想明白了一件事——也许并不存在所谓的"早餐企业"，只存在为早餐制定营销策略的餐饮企业。也就是说，只售卖早餐的企业，门店的利用效率是不够的，卖一卖豆浆、油条、包子、馒头本来没有问题，但科学地制定营销策略，灵活地提高门店效率，也是非常重要的，如同麦当劳和肯德基这样。这才是问题核心。肯德基和麦当劳能把早餐生意做好，但不需要凌晨3点就开始准备，依靠自动化的生产和现代化的管理机制就能做得很好；相反，"庆丰包子铺"却很难做到这样的专业和规模，因为缺少品牌形象管理，以及自动化生产机制。高效的策略和机制，才是一家企业生长的内核。

我们回归主题，更应该思考的是，在我们勤奋工作的同时，对一项事业的选择和规划是非常重要的，这直接决定了我们工作的效率。勤奋非常重要，但选择更加重要！勤奋大于努力，真的不是一句空话。有的人"事倍功半"，有的人却"事半功倍"，就是这个道理。更不用说，那些无比成功的人，往往都是"事半功百倍"了！回想一下，如果我们自己也正在经营一家早餐店，我们是否有改进的措施呢？我们是否有更好的营销策略去拓展我们的生意呢？这都是值得思考的。顺势而为是一个人成功的关键，通过对餐饮业态的分析，我更加明确了这一点。我曾经说过一句话：你要以超越同龄人百倍的效率，才能在20多岁翻山越岭。讲的就是这个道理。如今许多年轻人都渴望年少有为，渴望尽早成功，但你是否关注过自己对待工作的效率？大多数人的智商都差不太多，你凭什么遥遥领先？最重要的就是你的选择和效率。

雷军曾经说过，战术上的勤奋，不能掩盖战略上的懒惰。我们看到，很多人都在工作中显得特别勤奋，就像起早贪黑卖早餐一样，见缝插针地忙碌和工作，铺天盖地地给自己增加工作量，仿佛在用这样的方式宽慰自己，却始终很难取得大的成果。事实上，工作方法的总结和归纳，以及对未来方向的制定，是极其重要的。做一个高效的人，将让你产生巨大的改变。

很多人都是因为自媒体认识我的。在我做自媒体的过程中，也对"高效"有很深刻的理解。看过我自媒体的粉丝都知道，我的内容其实非常简单，通常只有一张图片，然后说几句话，但我却可以做到商业领域的"顶流"，原因就是，我的工作效率极高。我见过很多人都希望做自己的 IP，虽然投入巨大，却看不到一点效果，总是想火，却毫无流量。有一些老板，雇了整整一个团队来包装自己，摄影师数名，剪辑师数名，编导又是数名，甚至灯光造型都耗资不菲，但最后的运营结果却不尽如人意。究其原因，还是工作效率低下。雇了一大堆人，当然是为了打造更专业的内容。可平台需要什么样的内容，大众喜欢看什么样的内容，他们都一无所知。花了无数时间打造自己，却没有静下心来研究平台的逻辑和流量的密码，那一定是事倍功半的。而我的自媒体账号虽然内容简单，却非常接地气，也能迎合大多数人内心的声音。我清楚地知道，我在外形上并不是一个非常出众的人，但写作和谈吐却是我的优势，所以我更多地采用音频和文字，这样的方式不仅帮助我扬长避短，而且能带给人更有深度的思考。就平台而言，这也是一种积极的创新，因为大部分人都是长相普通的人，如果大家都能学习我这样的创作方式，那平台一定更加活跃。所以我断定，平台一定会给我更多的流量来支持我。这些都是我在深度思考以后制定的工作策略。

当然，后来也验证了我自己的判断和策略，我仅用了不到半年时间，便一跃成为商业领域的头部 IP，这和我习惯高效的工作是分不开的。很多人向我讨教做流量的秘诀，其实这里面并没有什么秘诀，只要你细心思考，明白"事半功倍"的道理，把效率放在工作的第一位，你就离成功越来越近了。

抛去浮躁，尊重财富

我在网络上看到很多关于金钱的言论，我也曾表达，现在很多人对于金钱已经没有概念了。在网络上，人们好像可以任意点评或调侃那些巨大的金钱数字，而对于金钱背后的事业却没有表现出应有的态度和尊重。我不太喜欢这样的浅薄。我自己也曾受到一些诸如此类的调侃，比如"都财富自由了，为什么还要直播"，抑或"年入过亿算什么，人人都是年入过亿"，还有"1000 万元也不算多，就只够北上广一套房"。这些言论确实令我感到诧异。因为这让我仿佛脱离了真实的世界，甚至让我对现实世界产生了怀疑和焦虑。但当我冷静下来后，才发现我的世界依旧真实，但网络中的世界，似乎亦真亦幻。

互联网拓宽了大家的视野，让我们在网络上看到了生活中看不到的东西，如更奢靡的物质、更光鲜的生活等，但这也让很多人误以为，这就是世界最真实的样子，因为它基于兴趣向你推荐内容，而人们一定都对这些异常美好的物质兴趣浓厚。所以，当你刷短视频时，就会频频刷到有关豪车和豪宅、美女和精英。但这还不够，还有网友会在评论区夸大自己的人设，附和更多的调侃和谣言。比如，当你刷到一辆豪车的视频，评论区就会出现许多类似"我也有这台车"或"这个级别的豪车不是都烂大街了吗"这样的评论。突然之间，这些言论带给了你很大的焦虑。你会想：大家都这么有钱吗？这么贵的车难道已经人手一台了吗？

　　如果你也有这样的经历，那么我可以告诉你，不必焦虑，因为他们只会把事物最好的一面推荐给你看，这才是事情的真相。静下来想想，即便是发微信朋友圈，人们也乐于挑好的发，不是吗？比如，赚钱的喜悦、健身的成果、旅游的分享，这些同样会带给你错觉或者焦虑，赚钱真的这么轻松吗？健身真的这么容易吗？旅游真的这么便宜？朋友们都不用工作吗？事实上，我可以负责任地告诉你，以我的阅历来看，真正赚到钱的人只是少数，能够坚持健身的人也寥寥无几，旅途的风景更是少不了跋山涉水和苦苦寻觅。但社交媒体会让这一切美好都显得更加寻常，因为它的算法就已经决定了，只会推荐那些数万人点赞的内容给你。那么什么内容才配得上数万人点赞呢？一定就是那些让人感叹、让人惊讶，精心雕琢过的美好或者包装过的炫耀。

　　想象一下，如果你拍摄一杯手里的咖啡并发布到网上，那大概率是没有人为你点赞的。因为一杯咖啡虽然真实，却并不让人感到羡慕和惊讶，也很难成为热门视频。但如果你拍摄一杯手里的咖啡，这杯咖啡的标价高达100美元，也许就有人为你点赞了。所以，这样的奖励机制，会让互联网越来越浮躁，也越来越真假难辨。一些普通且真实的内容也许被机器的算法雪藏起来了，而你能看到的都是精心雕琢过的假象。

　　无论是看待物质还是金钱，我们都要有"靠谱"的概念。什么是靠谱呢？大概就是不离谱。

　　现实中，并非每个人都从事商业活动，或者有很专业的财务认知，人所处的圈层大不相同，所以对金钱或财务的概念比较模糊，这本来是可以理解的。比如，大家经常会说某某网红年入过亿，实际这也是一种非常模糊且不专业的概念，因为这里忽略了网红公司的经营成本、向平台支付的流量成本、商务包装成本以及税务成本等。通常大家都只会简单地说，某某网红赚了1个亿、10个亿、100个亿，这些都是非常不靠谱的说法。再如直播带货，很多主播都会说自己一场直播赚几千万元，可实际上呢？许多电商直播公司都在亏损，因为直播的销售额并不等于直播的利润，这也是非常离谱的。

这样的案例有很多，当大众被一些简单粗暴的言论带偏时，人们对金钱就渐渐失去概念了。可能一开始还能保持冷静，独立思考，但当附和的人越来越多，也许你就会失去理智，感到迷茫或者焦虑，这就是信息茧房。人是非常容易受到欲望和想象牵引的，当我们接触到美好的事物时，总是习惯先欣赏，再思考。而实际上，我们应该学会先思考，再去欣赏。

同时你要明白，劳动是美好生活的基础，再美好的物质也超不过劳动带给人的快乐。很多人问我："你都这么有钱了，为什么还要拍短视频？为什么还要直播？为什么还要卖课？为什么还要写书？"看到这些问题，我会感到非常震惊，甚至略感失望。为什么他们会有如此偏激且匪夷所思的看法呢？富人就不用工作了吗？劳动就不需要产生价值和收入吗？知识的传播不需要成本吗？难道我有义务对所有人免费输出我的经验和看法吗？一些网络舆论让我感到失落，尤其是那些我曾帮助过和受到我启发的人也对我冷嘲热讽。

只要有正常的逻辑思维，就可以分析出我做这些的意义。

第一，自始至终都热衷于工作和重视增加收入，这才是我富有的原因。并不是因为我当下做什么，而是我自始至终都热衷于追求有价值的工作和生活。

第二，有钱和赚钱并不冲突。在现实中，技术的变革、行业的波动、时代的变化，都需要我们不断夯实自己赚钱的能力和渠道，即便是巴菲特也需要通过售卖共进午餐的机会来换取金钱和人脉。觉得有钱，就不用再赚钱，或者有钱就看不上小钱，这是一种多么偏激和愚昧的认知。事实上，我身边的富有人群总是在拼命地工作和学习，无论对大钱还是小钱都倍加珍惜。

第三，努力工作是一种态度，也是人生的价值。李嘉诚到了90岁，依旧每天早起工作；雷军每天都要工作15小时以上，不是在开会中，就是在去开会的路上。工作不仅能帮助我们实现价值，也能塑造我们的精神状态，这是非常重要的。很多人一旦不工作，就会情绪低落，胡思乱想，这就是因为没有找到生活的意义。如果一个人只有财富和骄奢淫逸，那就会毁掉自己的一切名誉、健康和事业。

第四，珍惜每一分钱。越是赚过大钱的人，越是珍惜每一分钱。即便到今天，我也舍不得买几千元的衣服，因为我总会回想起创业初期，花几千元才能请来优秀的员工。那些能够实现财务自由的人，无一不是从艰苦和困难中走出来的。

第五，赚钱只是手段，商业模式才是最终意义。很多人问我，恒哥，你已经赚到了钱，为什么还要写书来卖呢？我回答，为什么不呢？全球的商业领袖和名人都希望有一本自己的传记，传授自己的经验和知识，这一定和钱有关吗？再者，卖书也是我没有尝试过的生意，我为什么不去探索和实践呢？一本书赚 5 元还是 10 元，并不重要，重要的是，如何让全世界的人都买你的书。要知道，《哈利·波特》的作者 J.K. 罗琳已经靠《哈利·波特》的版权赚取了数亿美元，这可是一笔不菲的财富。总之，商业模式比赚钱本身更重要。拼多多的低价策略一开始也被人嘲笑，但这并不影响拼多多长成一棵参天大树。

掌握多线思维

不同的思维方式导致我们形成不同的观点和决策。单线思维和多线思维就是截然不同的两种思维方式。在我看来，这两种思维方式决定着我们的人生，以及我们看待事物的高度和深度。这一点我曾在视频中讲过，我对此感触极深。

什么是单线思维呢？大概就是所见即所得，看到什么就等同于什么，或者直接得出结论而不加以辩证地思考，几乎是一种简单的反射。

什么是多线思维呢？就是看见事物的本质或者其背后的深层逻辑，看见那些看不见的，听见那些听不见的，关注事物更为复杂的可能性，用辩证的眼光看待事物的发展。

举个例子，路边停着一辆昂贵的跑车。

单线思维和多线思维的人就会产生不同的看法和观点。具有单线思维的人，可能会直接将"昂贵的跑车"和"富有的车主"画等号，掏出手机好奇地拍照，感叹富人的奢侈生活。而具有多线思维的人，可能并不一定会简单地这样认为，他们会考虑更多的问题，以及透过表面现象来分析事物的本质。他们不会简单地将"昂贵的跑车"和"富有的车主"画等号，而是结合一系列知识，在大脑中形成多种可能的排列组合，产生更为辩证的思考。

让我们通过这个案例来模拟一下多线思维的思考方式。

1. 这是一辆昂贵的跑车，但车主可能采用多种获取方式，如全款、分期，或者抵押等。

2. 如果车主是全款购买，车主的资产也可能分为两种情况。当车主的消费习惯偏保守，这辆车大概只会占到车主的一小部分资产，说明车主资产状况非常好；当车主的消费习惯偏激进，为了这个"跑车梦"而掏空了所有，那么他现在的资产状况并不一定良好，可能已经被掏空了储蓄。

3. 如果车主是分期购买，那么车主已经因为这辆车而背负上了不少债务，他的投资和消费能力可能已经大不如前。

4. 这辆车属于个人资产还是公司资产？这是有极大区别的。如果这辆车属于公司资产，那么它很有可能有其他用途，或许只是车主用于处理公司财务的一种手段。

5. 这辆车是被抵押给车主的。在商业活动中，经常会有一些用资产抵债的情况发生。比如，工程款难以结算，尾款难以收回，债务方通过抵押车辆的方式来偿还债务。在这种情况下，车主的现金流情况可能并不一定良好。

当然，还有一种可能，即这辆车是租的，我们就不再赘述。

从上面这个例子，我们可以得出，单线思维和多线思维的思考结果，是完全不一样的。虽然我们提了许多的可能性来描述多线思维的思考过程。但对于人们来说，这些思考的过程和结果，都是一念之间的，并不需要大量的列举。判断和感知都在一念之间，单线思维和多线思维，会在一瞬间产生我们所谓的认知，并影响我们的思想与行为。

单线思维还会导致人们的从众心理，让自己的思维变得懒惰。比如在股市里，会有许多人因为别人的推荐而去盲目投资，似乎别人说好就是好，看到上涨就兴奋，看到下跌就恐慌，这都是单线思维导致的结果。而具有多线思维的人就会明白，涨跌只是一个相对概念，背后具有复杂的原因。涨跌没有好坏之分，这取决于你"做多"还是"做空"。上涨会带来风险，下跌也会带来机会。只有用辩证的方法去看待事物，才能提高事业成功的概率。

再如，我经常会受到这样的讽刺和质疑："你都这么有钱了，

还需要直播吗？""你都这么有钱了，还需要写书吗？""你都
这么有钱了，还需要发视频吗？""有钱人不都是把自己隐藏起
来的吗？你一定是个骗子吧！"……

　　这些讽刺和质疑，都是典型的单线思维带来的结果。因为有钱，
就等于不用赚钱；因为有钱，就等于不用工作；因为有钱，就等
于要把自己藏起来。这些都是被单线思维带偏的结论。这些片面
的认知，都是因为没用多线思维去思考我们的人生以及生命的意
义。事实上，再富有的人也需要工作，再富有的人也在努力赚钱，
再富有的人也还在追求自身的影响力。巴菲特管理上千亿美元的
资产，但也要拍卖共进午餐的机会；李国庆已经赚取了数亿家产，
还在互联网上售卖创业课程；俞敏洪已经无比成功，仍旧在网上
推荐人们购买书籍；周鸿祎已经是百亿身家，还在努力地成为网
红；雷军已经成为现实版的爽文男主，拥有了巨大财富和影响力，
还要孤注一掷地去实现自己的造车梦。放眼全世界，你会看到，
富人们总是不遗余力地努力赚钱，实现价值，追寻生命的意义。
反倒一些一无所有还愚昧和懒惰的人，却在整天幻想着天上掉馅
儿饼，有钱以后可以游手好闲、无所事事，甚至还要去诋毁那些
不停奋斗的人。这都是因为单线思维产生的结果，看到一就是一，
看到二就是二，看到让自己舒适的就去迎合，看到让自己费解的

就去诋毁。

我们不可能成为一个思想完备的人，因为每个人的思维都会有缺陷，我们无法完完整整地认知事物。但你记住，要努力使自己成为一个拥有多线思维能力的人，因为这会让我们思辨能力更强，看待事物更加客观，离成功更近。

婚姻，重要的选择

很多人都问过我婚姻的问题，当然，这也是每个年轻人所关心的，也是大家必须面对的。坦率地说，因为原生家庭的缘故，我对婚姻的看法并不是特别乐观。但我对这件事情还是有深入思考的。

首先我认为，婚姻是极难保鲜的。所以相对于讨论婚姻，我认为核心是在讨论一段契合的亲密关系。可是，能把亲密关系处理好的人实在太少，我自己也有一些经历，总是以失败告终。我也见过太多像我这样以事业为中心的人，即便能在外呼风唤雨，也难以处理好和伴侣以及家人的关系。所以，一方面我是回避的，另一方面我也是缺乏安全感的。我是这样的性格——对自己能力以外的事，会感到惴惴不安；对自己天赋以外的事，也不试图去改变。我就是这样一个人，从小都在一种宏大的愿景中成长，总是关心那些极其庞大的事，而对于身边的事却无所适从，不知如何处理，这也让我经常忽略身边人的感受，尤其是亲密关系。但我并不试图改变，我是一个价值的追求者和信仰者，也总是以创造的价值为依仗，太痴迷于这件事的结果就容易忽略身边那些不必要的情绪。

但事实上，婚姻不能这样。

家庭是需要共建的，可是我们常常会以自己的认知水平去要求身边人，但另一半的思维方式是你难以改变的。这就需要我们不断地修正自己对于别人的要求与标准。亲密关系的建立以及相伴，依赖更多的是缘分，而非价值。这是我经历了很多试错以后得出的结论。而既然缘分是彼此的桥梁，那你就应该明白，缘分代表着"无序"。什么是无序？就是混沌的，甚至混乱的，和你的价值、你的身份地位、你所创造的财富，几乎不画等号，而需要互相尊重和理解这种无序。

我见过一些企业家，总是向我抱怨："她怎么会这样思考问题？""她做事情怎么一点效率也没有！""我受不了她爱看这么低智商的电视剧！"是的，当你这样责怪和抱怨对方时，对方也是这么抱怨你的，因为亲密关系本身就很难完全同频，换句话说，大部分的亲密关系都是互补型的，也正是因为互补，所以你们当初看到了对方身上你所看重的价值，这本身就决定了你们一开始或许就不在一个频道，但这并不影响你们建立起缘分和共识。

"无序"贯穿着婚姻的始终，就好比人生一样，我们总在求解，实际上很多事情都是没有答案的，这一点在婚姻或者亲密关系上更加明显，因为每个人都会在烦琐的生活中被放大缺点，即便伟大的人也是如此。伟大和成功只是高光时刻的剪辑，而琐碎和平淡的生活才是人生的主旋律。你的亲密关系会像你自己一样了解你自己、熟悉你自己，也会像你自己一样看到你身上的丑恶和缺点。当我们看到一些婚恋节目，情侣因为矛盾而吵架，往往都是公说公有理，婆说婆有理，情侣之间，一件事情当然有对错，但酿成这件事的原因，可能是一万天相处的结果，只是在这件事上爆发了。所以，不要尝试把"无序"的亲密关系变成有序，生活如同手中沙，疏漏和散乱总是不可避免的，我们没必要强行刻意地去追求完美，要尊重无序。当两个人都能很好地理解生活本身就是无序的，那么今天你对，明天我错，就是一件可以理解的事。在亲密关系中，最大的错觉就是——自己没有错，错的是对方。

亲密关系的无序，就好比这个世界的无序一样。我们都知道，宇宙是"熵增"的，熵值代表了一种无序的态，它的增加，代表宇宙总是朝着无序的方向发展。亲密关系和婚姻也是这样，承认它的无序，也就是承认自己始终不是一个完美的人，矛盾和混乱总是常态。

至此，你能看出来，对于婚姻我是不抱有高期待的，我的上限不是完美和浪漫，而是以平常心看待矛盾和混乱，但这仅仅是我个人的看法，并不代表其他人。

我总是习惯将这种心态带到很多事情当中，我既对事物有很高的追求，但在它发生时，又对它的上限看得很低，这就是我的思维模式。在我的投资生涯中也总是如此，我一直期待能投出一家伟大的公司，但在实际投出资金以后，我只会笑笑说："这家公司能活着就好。"

此外，婚姻也是唯一一次可以选择家人的机会，各位一定要记住这句话。你的出身是不由自己决定的，你决定不了父母，决定不了兄妹，那是天注定的。但婚姻是唯一一次让你可以选择家人的机会。这并不代表说，你一定要追求一个富裕的伴侣，但起码，这应该是一次对人生的加持。我们常说，1 + 1 > 2，婚姻应该是这样一种状态，这种加持不一定是物质，也可以是情绪或者其他你所缺失的东西。总之，当我们的出身无法决定，当你有机会再次选择家人时，请你记住，这确实基于缘分但也并非儿戏。我见过很多在婚后极其后悔的人，他们往往都是极其有主见和能力的人，但正是因为自己的主见和能力使得他们在选择婚姻时，往往容易高估未来。实际上，没有人可以一直高光，也没有人会始终低谷，人生总是起起落落，人性也总是随着时间而改变。昨天好的人，今天未必好；今天好的人，明天也未必好，对伴侣的选择和考量，的确应当谨慎再谨慎。

■ 停下来，也是智慧

我们总在不停地奔跑，也总是需要不停地奔跑。赛跑，是从小就被灌输的教育。

但人生不只是勤劳地比拼，还有效率。并不是只有一直在奔跑才是勤奋的体现，也并不是一直在奔跑才显得人生没有被虚度。

事实上，人生不是一场在直道上的百米赛跑，而是一场有战术迂回的球赛，不仅需要自己的能力，也要寻求团队的配合，战术的规划。我们经常看足球比赛，球员们也不是一直在狂奔而不懂得保存体力，个人能力再强的球员也无法依靠自己来取得比赛的胜利。人生也是这样，即便你有再强的能力和毅力，如果不懂得让自己停下来的智慧，那你极有可能会撞到南墙上，撞得头破血流。我们常说，不撞南墙不回头，执着当然是对的，但撞一次可以，如果总撞南墙，可能你也需要停下来反思一下，自己哪方面做错了。

我曾经说过一句话：不是只有一直做事才是勤奋的。我经常看到一些创业者，或者一些职场人士，总是拼了命地展现出一种很忙碌的样子，好像只有这样，才能彰显出他的勤奋，以及对生活的认真。可在我看来，大部分人的效率并不高，很多的勤奋都是徒劳，在没有看清方向和局势的时候一味地奔跑，是否真的有效？这种自我感动是否真的可歌可泣？这是一个值得深思的问题。

大自然中一些生命力顽强的动物，它们的生存法则对我很有启发。蛇是地球上存在时间最长的动物之一，可以追溯到恐龙时代。蛇天生就具有强大的攻击性，有敏捷的移动和攀爬能力，可以说得上是天赋异禀的丛林猎手，可它仍旧会选择长时间冬眠。冬眠可以为蛇的新陈代谢储存能量，让它们在食物匮乏的冬季存活下来，也可以使其降低自身的温度，避免因寒冷而死亡。这就是我们说的——停下来，可以算得上是大自然的智慧了。越是强大的物种，越懂得保存自己的力量，而非滥用自己的力量。

不是要一直奔跑，才是勤奋的。合适的储能以及"备战"，对事物和趋势的把控都是非常重要的，甚至胜过了勤奋本身。我们经常说，认知大于勤奋，就是这个道理。

举个例子。我每天都会花大量时间阅读新闻，甚至会花很多时间刷短视频，无论是娱乐的、搞笑的、商业的，还是体育比赛，我都会全盘涉猎。你可能会觉得我在虚度光阴，或是游手好闲。但实际上，这为我全盘掌握社会动态以及了解人们对待事物的态度，提供了很重要的信息。我不仅会看很多短视频，了解最新的时事动向，也会看评论区用户的点评，看看热门的评论是什么样的态度，这对我来说都极其有价值。因为数据就是金钱，信息就是财富，了解这个世界每天发生了什么以及各种人群的态度，是非常有价值的，能为我提供强大的投资线索。比如，我发现某个网红的热度很高，就会考虑请他推广我们的产品，或者我刷到最新的时政要闻，就可以感知当下经济的形势和走势。

商业竞争的本质，就是竞争"信息差"。我们都活在一个巨大的信息茧房中，我们所认为的有效信息，放到整个社会中以后，有可能就会被否定，或者产生分歧。所以，花大量时间听取不同的意见，是非常重要的，即便和我的工作毫不相干，即便让我付出大量的时间，也在所不惜。我经常去看一些热门的用户评论，因为在我的投资工作中，经常在和创业者交流。但创业者的角度，大都是非常有局限性的，所以我也需要学习和了解更多年轻人以及消费者的看法。再如，当我看到足球运动员梅西没有在香港上场比赛的新闻时，会看到来自不同地区和不同立场的网友的声音，这也让我看到了世界文化的多样性——有的人支持梅西，因为他们认为体育应该纯粹一些，不应该干涉梅西的个人选择；有的人反对梅西的做法，认为梅西并没有尊重那些千里迢迢赶来看他比赛的球迷。其实，这些声音各有各的道理，确实难分对错。但从这些用户的评论中，也确实让我变得更加客观，让我学习到了一些处理公关和舆情的方法。这样的案例还有很多，我总会花大量时间让自己停下来，观望这个世界。其实这样的停顿和思考，比故步自封和闭门造车要好得多。

当然，并非总在奔跑就一定是正确的。适当地蓄力和反思，对我们的人生极为关键。大家都知道，近几年，全球的经济环境并不乐观。一方面，科技创新遇到了瓶颈；另一方面，全球的经济增长也都遇到了前所未有的挑战，很多企业都活得非常艰难，甚至许多大体量的上市公司也是如此。我也确实听到很多企业都面临破产或者倒闭。但倘若你看过我的观点，你就应该反思，倒闭一定是坏事吗？破产一定是坏事吗？暂停经营就一定是坏事吗？

并非这样。其实企业的困难并非完全由于大环境所导致，许多企业也应该反省，自己的商业模式是否真的有价值，是否真的可以对抗周期，是否有能力自我造血。有时候我们心中已有了答案，或者现实已经给了我们答案，只是我们没有动力去执行，或者心里不甘愿认输，才不愿停下来。其实，当一个企业陷入亏损或者面临巨大危机时，破产关门也并非一个坏的选择，及时止损也是一种智慧。真正的企业家应该懂得让自己"冬眠"。遇到困难的企业家要懂得保存实力和留存现金，争取东山再起的机会，而不是一味地死守和坚持，直至耗尽企业的最后一丝力气，甚至欠下巨额债务。有些话说得好，"少亏就是赚"，还有"留得青山在，不怕没柴烧"。让自己停下来，适当休整和复盘，也是一种明智的策略。

我遇到的很多创业者中有人认为，停下就是认输，认为企业破产就等于失败，这也是一种误解。失败或者破产，都不一定是坏事，反而可能是上天对你的一种保护，让你正视自己的能力，懂得及时止损。人性总是这样，我们都爱"报喜不报忧"，爱展现自己坚忍和不屈的一面。但这种思维方式忽略了人生的广度和长度，坚持并不等于"死磕"。人生的广度和长度，可以把我们带去新的赛道和新的事业，有的事情错了就是错了，它并不一定可以得到修正。如果我们总是想要找到解药，或者总是想要找出答案，这就是一种"做题"的思维了。而人生并不是一道题，它更像一篇文章、一篇小说，每一段都有独特的含义，每个人都有自己的理解。

我们在大学时都学过高等数学。"无穷"是一个数学概念，它的函数无限接近于数轴，却永不和数轴相交。我们的生活和事业也是如此。并不一定每个问题都有一个与之匹配的答案，有可能很多问题和答案根本就没有交集。我们也都知道数学中的"π"，到今天为止，人类也没有算出"π"的具体数值，它似乎是无限的，但这并不影响人类利用"π"中的规律来推动科技进步。条条大路通罗马，人生一定要学会变通，不可横冲直撞。

让自己停下来，是一种智慧，更是一种修为。只有懂得蓄力的人，才是最有力量的。停顿是为了更好地沉淀和学习，即便只是纯粹休息，也没有什么问题，休息也是人生非常重要的一部分，会带给我们健康和精力。有时候，这个世界就好比浮在水面的鸭子，表面看起来很平静，其实脚都在水下疯狂地蹬。如果你感到疲惫，或者遇到了瓶颈，先停下来休息吧。休整之后，你会有新的发现，你会找到新的目标。

■ 储蓄，安全的筹码

以我个人的经历来说，储蓄确实是一件非常重要的事。如果你已经长大变成熟，就更应该明白，拥有自己的储蓄，实际是给了自己一个避风港，也给了自己一条退路。因为无论你如何努力，如何在这个社会当中拼搏，错误和失败都必然是常态。在我所从事的投资行业更是如此——现金的储备异常重要。

在工作中，你有没有发现，似乎每个月我们都有办法让自己的储蓄归零。还不完的信用卡和账单，买不完的零食和服饰，与朋友的聚餐和派对，高昂的房租和通勤费用。即便当你努力付完这一切费用时，还有一张张账单等着你付钱，手机话费、电脑网费、停车费、物业费、天然气和水电费，甚至节假日或者婚礼时发给亲朋好友的红包，都等着侵蚀掉你最后一点现金。很多人忽视现金的重要性，认为好的工作才是最重要的，殊不知好的工作也是有周期性的。当经历过时光轮转周期更替后，你就会明白，短暂的繁华之后，留在手里的现金和卡里的余额，似乎才是最真实的。无论你遇到一个多么美好的工作，一个多么难得的项目，你当下有多么健康的收入，你都要清楚这一点——现金为王，个人的储蓄异常重要。这是你抵抗风险的最后一丝屏障。

如果你非要我说一个标准，我的建议是——好的个人储蓄，应该至少能维持你1年没有收入的所有开支。也就是说，如果你每月开支1万元，你应该尽可能让你的储蓄保持在10万元的水平。这样即便你丢掉了工作，你也可以维持半年以上的探索或者选择。

好的储蓄不仅能帮我们化解财务危机，帮我们渡过失业的难关，更重要的是能给你十足的安全感。人的心态非常重要，无论是对于工作还是生活。很多人一味地向前冲，像无头苍蝇一样乱撞，在投资中头脑发热，在工作中急躁不安，都是因为没有具备一个良好的心态。换句话说，也是因为自己没有足够的底气和安全感。而这些底气和安全感大部分都源自你的储蓄。因为你不害怕失去，即便失去了你也有生存的底气。这会使你在投资中更加沉着，也会使你在工作中更加心安。

好的储蓄能给我们带来更多的选择。很多人就是因为没有储蓄，所以只能一直上班。因为一旦停止工作，就会面临生存危机。

而当你有了足够的储蓄，你就可以拥有更多的选择，如创业、学习、健身、旅游等。即便我们不一定会去执行，但可以拥有多种选择的生活能够让人感到满足。不管你会不会去创业，你都知道上班不是你唯一的依靠；不管你会不会去学习，你都知道，你有经济能力让自己随时去培训；不管你会不会去旅游，你都知道，你可以随时开启一场说走就走的远行。

储蓄对一个人的自信非常重要。我非常建议你调高它的优先级，甚至高于你的工作、房产，或是其他资产。你必须明白，一个人因为可以选择才会更自信，因为敢于失去才会获得更多。而这一切一切的底气都与你的储蓄挂钩。

在公司的经营中，我们把储蓄称为现金流。现金流对一个公司的发展是有决定意义的，甚至决定着公司的生死。时刻准备好丰富的现金流可以应对一切危机。很多公司的倒闭就是因为没有重视现金流，而一味地向前奔跑，肆无忌惮地扩张，导致了事业的崩盘。所以在我的观念里，现金是极其重要的，也是我们考量一家公司好坏的重要依据。好的公司可以错过很多机会，但只要手里有钱，就可以重来。所以现金流往往才是最致命的要素。

我跟很多人讲过一个例子。我说，为什么我可以做到不在市场当中恐慌？为什么同样一笔投资我可以做到比你更有耐心？为什么同样一个资产你只能持有 3 个月，而我却可以持有 3 年？即便我们做出同样的投资策略，我也敢于投出更大的本金，原因就在于我有丰富的现金流。我总是控制着投资金额在我储蓄中的占比，无论这笔投资成功还是失败，对我的生活都没有丝毫影响。也因此我当然显得更有耐心，面对市场的波动也更加镇定。所以，现金流决定着企业主的发展心态。很多人会说："钱放在那里有什么用？我一定要去买成资产，买成基金，买成商品。"其实不然，很多人都忽略了储蓄对心态的影响，这往往直接决定着我们能否成功。我认为钱放在那里，即便一动不动，没有任何增值，也是非常有价值的。人们常说的安全感也是一种巨大的价值。你努力工作不就是为了一份安全感吗？你买房买车也同样是为了一份安全感。你寻找伴侣，建立家庭，都是为了那份安全感。储蓄就能给你最扎实的安全感。

人们的投资和经营也都是一种心态的博弈，市场中最大的敌人就是你自己。巴菲特说，别人恐惧我贪婪，别人贪婪我恐惧。但并非人人都有巴菲特这么富裕，如果没有足够多的储蓄和本金，你是很难做到像巴菲特一样思考的。无论是个人还是企业，没有安全的储蓄和现金流，就会让自己的生存陷入风雨飘摇当中。

■ 富裕的陷阱

可以说，选择从事投资行业，为我带来了巨大的自信心，也使我建立起了一套强大且独特的财富观。

我们经常听到"三观"这个词，即世界观、人生观、价值观，但我们都忽略了一点，就是财富观。如今很多年轻人是不具备完整的财富观的。他们既对财富没有认知，也对数字没有概念。所以在网络中，我们经常能看到一些离谱的言论。比如，不少网友张口闭口就是几千万、几个亿；又或者说这届网民"人均年入百万，人人都开保时捷"。这样的梗都是源于没有一个客观的财富观所致。

但今天我想跟你聊的并不是普通财富观，不是教你怎样看待金钱，也不是教你怎样形成对金钱的概念，我所谈及的财富观，是一种更加夸张且更加激进的观点，那就是不要掉入"普通富裕"

的陷阱。

什么是普通富裕呢？我认为是中产阶级所夸大出来的物质水平，以及他们所携带的浮躁认知。

中产阶级炮制出了许多所谓的富裕现象，如追求名牌包、追求豪华品牌的汽车、追求高档的楼盘。这会让许多还没有富裕起来的人认为，这些就是富人的象征，这些就是富人的追求。很多人一毕业就在思考，自己应该买一辆什么样的车才能彰显社会地位，自己应该住一套什么样的房才能体现小资情调，自己应该背一个什么样的包才能反映出优质的生活……其实这些都是普通富裕带给我们的枷锁。这些被社会现象炮制出来的富有，在真正的富豪看来，它们并非奢侈的代表，反而极显平庸。一个人如果真正拥有宏大的理想和追求，抑或追求极致的财富人生，这些东西往往都不应该成为你优先去考虑的所在。因为它们会成为你人生的减速带，极大地消耗你的现金，强化你的浮躁，拉低你的追求，同时会极大地限制你对财富的理解。你一旦陷入追求普通富裕的陷阱，就会为了达标这些物质而做出平庸的选择。比如，你会首选去尽快找到一份收入稳定的工作，这样才能支持你的房贷、车贷，同样你也会因此对创业失去勇气。因为一个名牌包或者一辆好车，就能抵消掉数十名员工的工资。一旦你开始追求和攀比"普通富裕"，你就有可能失去星辰大海。

追求"普通富裕"会使人们对于更多、更广阔的财富失去概念。人们在谈论几十万元、几百万元的时候或许还充满自信，但当谈论起数亿美元的生意时，大多数人就已经失去概念，甚至觉得不太可能。很多人会在下午茶中谈论几万元的名包、几十万元的名表或者几百万元的名车，但你却鲜有听到一个人告诉你，这些都不是他的追求，因为他要去创办一家价值数十亿美元的公司。正是因为很多人都会掉入普通富裕的陷阱，我们才会对生活中"普通的有钱人"感到羡慕。这些获得了几十万元或者几百万元的"普通有钱人"，通过置备一些所谓的奢侈品，限制了大多数人的想象，使其成为人们追逐的目标，殊不知这些或许都是限制你想象力的"普通富裕"陷阱，使你不敢投身创造或投资一家价值数亿美元的公司。

你是否经常会听到这样的聊天："我的老同学现在发展得很好，他已经开上奔驰了。"抑或是："她一定收入不菲或是找到了一个有钱的男朋友，因为她买了一个很稀缺的大牌包。"

但你有没有想过，这些有没有可能是限制你思维的假象。首先你应该明白，别人给你看的，一定是他希望你看到的。而真相往往是，人们越缺少什么，就越展示什么，而这些也会带给你焦虑感。其次，这些所谓高级或昂贵的产品，似乎诠释着人们对富人的片面理解，让很多人为了追求诸如此类的富有而掉入了平庸甚至负债的旋涡。殊不知，这些事物其实并不是更高层次的富裕所追求的。这就好比人们都渴望拥有名表和跑车，却不敢奢求拥有一家价值数亿美元的上市公司；人们渴望购买高档小区的住宅，却不敢去投资创办自己的工厂和园区；人们只敢去读比尔·盖茨的书，却没有勇气成为比尔·盖茨；人们只敢崇拜马斯克，却没有成为马斯克的雄心。因此，他们只能效仿身边的"普通有钱人"，去讨论较为富足的生活。我是不认可这样的观点和现象的，我认为你应该追逐那些真正宏大的愿景，而尽量避免思考"普通富裕"这样的话题。谁家买了好车，谁家买了好房，谁嫁了富翁，谁娶了千金，这不该是你过多关注的话题，你真正应该关注的是全球经济的走势，那些超过数十亿美元市值的独角兽企业的发展，以及下一个时代能够成为主导的是什么。

一旦长大或者毕业后，很多人都会花时间去探讨一些物质的追求，比如争先恐后地购买学区房，买一台能够让自己在社交中体面的好车，抑或是进入什么知名的大企业工作，接触什么样的领导或上司。而我的观点截然相反，从创业之初，我就不认为这些"普通的有钱人"值得我去效仿，他们固然已经十分优秀，但并不是我的榜样。我的理由是，"一个百万身价的人，并不能告诉我如何成为亿万富翁"。这虽然是一句玩笑，但也是事实。同时，我并非好高骛远，事实上我的逻辑非常简单，就是要把目标对准星辰大海，即便不能抵达，也能坠落在群星之间。我从一开始就着眼于数千万美元的交易，关注数亿美元的创业公司，关注企业的融资和上市，关注财富的几何倍数增长，关注富豪井喷的一级市场。一路走来，我才发现，我从来没有羡慕过任何人，即使我身无分文，即使我穷困潦倒，即使我没有名表和豪车，我也过得相当富足。我唯一羡慕的就是我自己，我能在无比庞大的财富观中，找到人生的目标，能在奔向星辰大海的路上保持自己的雄心，而不掉入"普通富裕"的陷阱。

资产思维

一个好的商人必须是一个好的投资者，一个好的企业一定是一个好的资产。从前我不太懂这个道理，导致我在一些公司上浪费了大量的时间和精力，总是用情感和愿景"绑架"自己和公司的关系，做出了一些无谓的牺牲和亏损。

在度过了一段投资生涯后，我越来越能明显地感到，一切都变得像"资产"，也包括我们持有的公司。当具备这个认知以后，我有了一种如释重负的感觉，因为我不再被某个项目或者公司的成败困扰。如果它成功了，我就把它视为一个上涨的资产；如果失败了，或者发展不顺，我就把它视为资产的下跌，和我看到的那些只有K线图的股票几乎一模一样。

无论是业务、公司、股票还是房产，我都把它们统一视为我持有的资产。这让我放下了很多主观的思考，更加客观地去评判一件事情的好坏——是否要继续持有，是否要继续增加投入或者卖出，都是以一种资产的眼光。这种资产思维让我的工作高效了许多。

在资产思维的推动下，我逐渐拿到了许多成果，对公司的投资也变得更加理性。也正因为拥有了这样的思维，我才更加谨慎地持有房产。因为这样的资产其流动性低，且不便于抛售。同时它的价格上涨和下跌既无法由我决定，也不利于我对资产的控制。在我的意识里，资产可以用等价的货币来表示，货币也可以反向拉动或打压资产。好的商人或投资人，应该以资产的眼光看待自己持有的标的，做到进退自如。

▪ 让人喜欢，也是一种成就

我时常在想，做一个什么样的人，才称得上完美？做一个什么样的人，才能算得上幸福？直到去了杭州，我才得出结论——做一个让人喜欢的人。

2022 年冬天我去了杭州，在西湖边上走了一圈又一圈。我好奇地用手机搜索了一下杭州出过哪些名人以及王侯将相，虽然人物众多，却只有一个人的名字能够挑动我的神经，令我既愉悦又喜欢，他就是苏东坡。

苏东坡到杭州做过两次官，一次是通判，相当于农业局局长；另一次是知州，相当于代市长。可在当时，郁郁葱葱的江南虽好，但离权力和政治中心还是太过遥远。苏东坡是被贬到这里的，起初他并没有那么开心，他是多么想留在汴京，留在皇帝身边啊！可他身不由己，被迫流离了大半个中国，也没能找到自己的位置。

然而，苏东坡并没有长期深陷于郁闷和失落之中不得解脱，相反，他在这里找到了属于自己的世界。他不仅写出了"欲把西湖比西子，淡妆浓抹总相宜"的千古名句，还对杭州的城市规划做了许多改革。他为杭州兴修水利，发展农业，引渠灌溉，更重要的是，他还把美食带到了杭州。即便在今天，我们还能看到西湖边上售卖着"东坡肉"，经营着"东坡美食"，可谓处处是"东坡"——餐桌上有东坡的美食，西湖上有东坡的诗，整个杭州都有东坡的故事。

我突然明白，尽管杭州历史悠久、人才辈出，但叫得出名字的人其实并不多。苏东坡做过的官不算大，但始终影响着这座城市，并把他的气质永远留在了这里。连在去往杭州的高铁上，都能听到小孩朗诵他的《江城子》。回看历史，诸如李白、杜甫、欧阳修这些大文豪，许多人都不尽如人意。杜甫晚年流离失所，饥寒交加；李白是天上仙，却也命运多舛。可人人都爱苏东坡，尽管他是 500 年一遇的奇才，却又怀才不遇；尽管流放他乡，却也诗兴不减。他像极了我们每一个人，尽管世事艰难，也要用豪情和乐观去品味人生。谁不喜欢苏东坡呢？

为了彰显自己的价值，很多人都只看重自己的财富或荣誉。总以为，只有用名利把自己武装起来，才会受到人们的喜欢和尊重。

但我们似乎忽略了一份简单和真诚，是我们自己给了自己太多枷锁。我们总担心别人不够爱我们，总担心别人会忽视我们，总认为我们要拥有什么，才能获得别人的赞赏和羡慕。但我们却忘记了，做一个让人喜欢的人，也是一种莫大的成就，像苏东坡一样。

在生活中，我见过很多这样的人。有的是我的同学，有的是我的同事，有的是我的家人。他们大部分也都是普通人，并无太多光环，但他们就是那么让人喜欢。通过一言一行，就能让别人感受到温暖和善意，又何尝不是一种魅力呢？

人活着最大的价值就是被需要。赚再多的钱，拥有再多的名利，住再好的房，开再好的车，都是为了让自己被需要以及被爱，难道不是吗？如果你正在为这些成就绞尽脑汁、废寝忘食，那我想告诉你的是，我们大可放松一些。其实，没有那么多人在意你的成功，甚至除了我们的亲人，很多人都不想看到你成功，我们也远远没有自己想的那么重要。做一个苏东坡这样的人，坦然地面对名利得失，还能诗情画意，轻松愉快地面对生活，让身边人喜欢和爱慕，已经是非常了不起的成就。踏踏实实地与人相处，真真实实地与人相爱，多一些幽默，少一些执拗，赢得更多人的喜欢，又何尝不是一件伟大的事呢？

没有人可以总是成功，人生的愿景也不一定都能达成，人能走到什么样的高度，也是讲求命运的。事实上，我们大部分都是普通人，怀才不遇才是人生的主旋律。也许我们都像极了被贬到杭州的苏东坡，可那又怎样呢？我们也可以拥有苏东坡那样的心境，活成一个让人喜欢、让人快乐的人，这也是一个了不起的成就，甚至可以让历史铭记。换句话说，让人喜欢，本身就是一种强大的人格魅力，不必凭借权威、钱财、训诫，甚至外表，还依然能够被人喜欢，这样的人是多么有魅力啊！这也是我的追求。

邓予恒的 2016 开年思考

2016 年 3 月 10 日　早晨

当下的风口是"直播+"，今年初我以为，2015 年直播大热的局面会在今年继续开花，当时的业内断言，直播会成为下一个现象级产品，每个人都会像有一个微博一样有一个直播号，当时我看好映客，奉佑生的打法凶悍，团队也很快过了 1 亿美元，昆仑万维如果重仓映客，周亚辉的风格大家是知道的，公司去港股的概率很大。但没想到的是，微博一推出直播，就把所有流量媒体直接一锅端了。从现在来看，所有商业模式的背后都是社会关系。

我倒觉得单讲直播是没有意义的，只是作为实时交互的出现，被传统互联网公司利用了，未来的直播将摆脱社会关系链，变成千人千面的智能分发，粉丝效应和熟人效应会大打折扣。映客一定干不过微博直播，微博一定干不过淘宝直播，淘宝直播未来将被千人千面的兴趣直播取代，美国的 Musical.ly 已经做得不错，超过了 2 亿美元。人们要的不是直播本身，而是基于屏幕背后——已经成熟的社交或者电商网络，未来将是兴趣网络。

在这一块，我依然看好短视频，看好 PGC 内容生产商，更看好 UGC，未来甚至会有 AiGC。微博把明星权重放太高，会失去位置的。Q1 财报并不好看，爱奇艺和芒果卫视都不输，老曹打下去没有优势。我建议今年的创业公司瞄准 UGC 内容生产，中国会有自己的 Musical.ly，我听说北京的今日头条在和他们接触，谁知道呢！

■ 日记，冬至

　　我是个不过节的人，也没什么朋友，习惯了独自享受时光，但今天助理来提醒我，是冬至，要吃饺子。突然感到这是个有温度的日子，特来向大家问候。

　　我其实是喜欢热闹的人，我曾经对媒体说，我喜欢创办公司，也是因为公司人多热闹。

　　创办公司好比在花钱构建一个"家"，可以弥补我对于家的遗憾。人和人之间必须是有所图的，所以能发工资把大家聚在一起也是不错的。我很乐意这样做。

　　万事万物都会消散，所以我总是远离聚合。我们活在一个"熵增"的宇宙，"熵"是混乱的值，混乱的持续增加，是宇宙的结局。我名字里的"恒"是恒星，恒星高光高热，但也会坍缩。

　　混乱和无序是我们不可抗拒的，事业是，生活也是。然而伟大的是，人类始终在尝试创建文明和秩序，也实际做到了，这是银河系最不可思议的光。

无论怎样吧，助理给的冬至快乐，让我畅游了一遍宇宙，给她加钱，大家也冬至快乐，银河系的每一颗恒星也冬至快乐。

2023 年冬至

◼ 日记，北京

北京的冬意来了，再过两个月就是 2019 年。在北京大学上课这一年，我都没好好地逛过北京城，总是待在学校里读书。我知道商人在这里的位置不高，所以倍加刻苦，结交师友。

几年前我踌躇满志地去上海，可沪上的富豪们似乎都不太相信我这个"资圈的小朋友"，我只能回到北京来募资，幸好香港短期给力，美盘又遇拉升，才让我回来赢得了支持。虽然没见过北京的大雪，但也算雪中送炭了。

从长远来看，他们把钱给我是对的，这些富裕家族应该相信年轻人，崭新的互联网公司他们看不懂，但我们玩得明白。美图、腾讯都是港股的明星，看看 Instagram、Snapchat，一切还早，这可比他们把钱放在山西挖煤更"性感"。事实证明，他们相信我是对的。

明天依旧是看书、看财报，顺便约了 Faceu 的人聊天，他们卖了3亿美元给头条，这也太酷了。浓厚的年味似乎催着我快回成都，离开之前我打算再去一次未名湖，想一想自己究竟处在哪个位置，应该怎样继续向上，怎样让那些财团看到我的名字。哈哈，睡了。

2018 年 11 月 2 日

予恒说

如果你以为娱乐圈已经够乱了，是因为你没看过金融圈。

（2023 年 6 月 11 日）

刚开始赚钱当然是为了她，现在不一样了，我更在乎我的股东。

（2023 年 6 月 10 日）

后来也没告诉你，当时我在美股重仓雅诗兰黛，是因为这个牌子你喜欢。

（2023 年 6 月 2 日）

黑夜藏着秘密，财富睡在风里。

(2023 年 4 月 13 日)

人只需要成功一次。

(2023 年 4 月 13 日)

你会羡慕富二代，是因为你没见过年轻的富豪。

(2023 年 4 月 11 日)

追女孩要打美式篮球，签合同要坐中式茶楼。

(2023 年 4 月 6 日)

跟你只是同龄，但不是同频。

(2023 年 3 月 28 日)

男人应该像海螺，靠近他能听到大海的声音，远离他能看到沙滩的平静。

(2023 年 3 月 25 日)

我们的事业永远浪漫。

（2023 年 3 月 22 日）

予恒问答

Q：恒哥，你认为应该听父母的建议吗？

A：我觉得情和理是要分开来看的。如果你是一个成年人，就应该明白，哪些判断基于情感，哪些判断基于认知，哪些判断基于缘分。我认为父母和我们的纽带更多的是基于情感和缘分，但这未必适用于我们的学业和事业，乃至未来家庭或者婚姻的选择。这些事情都关乎我们自身利益和感受，不应该牵扯进太多他人的建议。当然，父母作为我们的亲人，他们的建议确实也很重要，毕竟，他们对你必然是真诚且爱护的。但是你应该明白，你的人生始终是由你自己来度过的。即便是你的父母，大部分时间也都是在独处或彼此陪伴。父母作为我们的身边人，确实会对我们产生一定的影响，但并不一定基于认知或者能力。其实，父母也是普通人，父母的认知和判断，也是非常有局限性的。就像你看别人的父母一样，也都是人群中最平凡的面孔。所以，人生的选择还应该多靠自己，在选择时，要多顾及自己的感受；在沟通时，要多顾及他人的感受。尊重父母并不是一味地听从，而是需要坚定的选择和善意的沟通。这样既可以遵从自己的内心，也不会辜负他人的好意。

Q：恒哥，你认为赚多少钱算财务自由？

A：我认为财务自由是一个抽象的概念，也是因人而异的。这就好比你问我什么是自由，是一样的。每个人对自由的定义也不同。我认为，财务自由更多是一种感觉，而不是具象的数字，大概就是可以轻松地生活，没有太多的经济负担，甚至还可以随心所欲地拥有一些合理享受。当然，我比较支持一种说法，就是当你的被动收入大于你的生活必要开支时，你就财务自由了。什么叫被动收入呢？就是你不必再用你的体力或者智力去换取收入，你也能有一笔还算体面的收入，或许不必太多，但也足够你生活，我觉得这也是一种财务自由的表现。当然，我认为现金储备是非常重要的。如果抛开你的资产，你还能拥有充足的现金流，且没有任何负债。这笔现金的储蓄利息可以达到一份体面工作的收入水平，那也可以叫财务自由。简言之，就是付出劳动所带来的收入比重越低，你就会感到越自由。因为真正的自由不是简单的钱多钱少，或者金钱的数字，而是一种感受，就是你可以轻松且无忧无虑地生活，不再为钱而忧虑。但你也没必要过上骄奢淫逸的生活。因为人的欲望是无止境的。如果你的欲望太大，多少钱都不够你花，那你就永远都不会感到自由。有句话很贴切，只要你的欲望比口袋多一分钱，你就是个穷人。所以，真正的自由，其实是内心的充盈。有时候我看到，一些收入并不高的人群也过得很快乐，他们可能享有较好的福利，或者健康的身体，抑或轻松的精神状态，我认为这也是一种自由。因为你要挣更多的钱，满足更多的欲望，就必定消耗你的健康，消耗你的精力，而这些东西也都是需要用钱再买回来的，甚至是买不回来的，所以我认为，自由是相对的。

结　语

这本书写到这儿也就差不多了。

有时候感觉很神奇，小时候觉得当作家很难，以为写一本书要很长时间。可今天才发现，有的事情发生了也就发生了，做完了也就做完了，比如写完这本书，就像小时候拼好手上的积木、搭好一座房子那样自然。写完这本书虽然没有我想象中那么兴奋，但也让我开心且释然了许多，好像完成了小时候许过的一个愿望。

我曾想过成为一名作家，想过去环游世界，想过全心全意地喜欢一个人。那时候真好，可以说是彻底的天空不设限。虽然愿望并非全都能实现，但好在今天我仍不妥协，还在努力让愿望发生着。我所实现的一切也都令我骄傲，包括写完这本书，就好像真正做了自己的超级英雄。哪怕今天就是世界尽头，哪怕这本书只有我一个读者。

再过一段时间，我就要迎来自己的 30 岁。回望过去的很多人和事，既模糊又清晰。模糊的是，他们很多已经远离，甚至都已经杳无音信；清晰的是，我都记得他们每个人的样子，我的家人，我的伙伴，我的对手，当然，还有那些给过我温暖的女人。他们都曾出现在我的生命里，给过我快乐、悲伤、勇气或希望。可无论时光怎样度过，当下的一切也终究是令我满意的，最重要的不是我所获得的财富和那些外在的光环，而是我做到了不负时光，兑现了天赋，我在我的人生道路上从未退缩。

回看这本书，我真正做到了吐露心声，表达态度，延展思绪。说真话并不容易，好在我还有这样的机会，把最真实的话说给你听。我知道，你也是一个有抱负的人，也希望年少成名，有所建树。尽管这些并不容易，但也确确实实都是我们的追求，是你和我的追求——那些闪闪发光，如漫天星辰的巨大理想。

当然，如果我的生命有一扇门，网络确实是一个意外的惊喜，能让我认识大家，也能让大家认识我。你们知道，我不全是一个为名利所累的人，写下这本书，也仅仅是我跟这个世界的对话，是我和你之间的对话。我并不奢求这本书能带给你什么，更不奢求可以影响这个世界，但哪怕只有一两句话，可以真实地给你启迪、温暖，或是让你产生一点点共鸣，那也是我的价值了，我最大的愿望也莫过于此——就是借助这本书，从你的世界走过。

谨以此书，与一如既往、意气风发的你相会。